献给所有曾受过伤的孩子

受伤的孩子和坏掉的大人

陈志恒——著

北京联合出版公司
Beijing United Publishing Co.,Ltd.

Part II 坏掉的大人与令人窒息的爱

Part III 在关系中带给孩子更多的力量

Part IV　那些从孩子身上学到的事

认真地看待
每个来访的生命

"老师，可以和你聊一下吗？"我抬起头来看着她。

是一张苍白、憔悴的年轻面孔，眼神中透露出些许不安。

在那之前，她已在辅导处门外踯躅徘徊许久，终于鼓起勇气，推开门，迅速地走向我。仿佛稍有犹豫，心里的另一个声音会拉住她往回走。

我问她怎么了，她递给我一张对折工整的纸条，示意我看看纸条里头的内容，仿佛想说的都写在那上面了。

看完之后，我问她："这样的情形持续多久了？"

她告诉我，已经三个月了。

"这么久了，一定撑得很辛苦吧？"孩子点点头，眼眶已泛红。

"想必你忍了很久，才鼓起勇气来找我的吧？"

"你很勇敢，也很坚强，真的很不容易。"我看着她的眼睛，"好，现在什么都先别说，我们约时间谈谈，让老师试着协助你。"

永远忘不了的话——
"老师，可以和你聊一下吗？"

那是一位心因性饮食失调的高三女学生，有着纤瘦的身形、清秀的面孔，成绩向来优异，是班级干部，也是学校庆典活动的专职司仪，独自一人在学校附近租屋外宿。每天晚上补习完回到宿舍，准备开始熬夜念书时，就会无意识地抓起食物拼命往嘴里塞，一直塞，一直塞，一直塞……无法停止。没有饥饿感，也没有饱腹感，只知道吃进去的食物快满出来了，却还不断进食，又一边哭泣，直到凌晨，太阳升起。

经过一次会谈，我评估她的状况后，联系家长转介医疗机构，并要求家长让她搬回家里，改为每天通车，好在家人的陪伴下，让饮食与作息逐渐恢复正常；同时配合一周一次的心理会谈，以及定期回诊就医，情况逐渐获得控制。几个月后，孩子毕业了，进入不错的大学就读。

几年过后，我仍然没有忘记，当初孩子带着纸条前来找我时，那不安与惶恐的面容。更不会忘记那句话："老师，可以和你聊一下吗？"

寻求心理助人服务与病痛求医大不同

常有人问我，校园中的孩子真的会主动去辅导处找辅导教师求助吗？

不多，但仍然是有的。

刚进入心理助人服务这一行时，很少想过求助者寻求协助时的心情。过去常有错觉，辅导教师坐在学校的办公室里，自动就有学生找上门，就像感冒了去诊所看医生一样稀松平常。

然而，在学校里接触的个案多半是由老师转介而来，或者通过心理测验等资料筛选出来，被我主动约谈的。他们因为被要求而前来，就算有求助的需要，也是被动地接受邀请后进入个别咨询中。这与主动走进辅导处，站在辅导教师面前开口说"老师，我有个困扰，想请你协助我……"的同学，是截然不同的。

独自苦撑许久，直到痛苦指数爆表

主动前来求助的孩子有一些特征。首先，他们通常忍了许久才寻求协助。

当困扰出现时，他们多半认为靠自己的力量就有办法克服。等到问题越见失控，有时会求助同学好友，有时不好意思说，于是继续隐忍，直到撑不下去，痛苦指数爆表，才起了找专业人员谈谈的念头。

我不得不佩服孩子的韧性十足，这么一忍，往往几个月到半年。我甚至听过一个孩子说，他从初中起就想找辅导教师谈了，却等到高中才真正有所行动。

当然，他们绝对不会在下定决心求助后，就这么走进辅导处，就像到巷口的便利店买杯咖啡这样轻松容易。

我事后访谈几个孩子，他们不约而同地告诉我，在正式推开辅导处大门之前，曾有好几次折返回教室而最后选择找几位同学"壮胆"一同前来。这样的孩子不在少数。

孩子会观察大人是否足以信任

此外，孩子会简化自身问题的严重性。他们很客气，带着困扰、鼓足勇气前来找我时，总是说："老师，您有空吗？可以和您谈一下吗？"仿佛他们的困扰只要谈个几分钟就可以解决了。然而事实上，多半不是谈"一下"这么简单而已。

其实，孩子们内心真正的想法是，因为自己微不足道的小事，而给看起来很忙碌的老师增添麻烦，真是不好意思。孩子们的体贴，令我感动不已。

我常思索，孩子凭什么信任我、愿意来找我，而不是其他的老师？别怀疑，许多孩子来找我之前，未曾和任何大人讨论过自己的困扰。

我没有任教他们的课程，顶多在新生训练或每学期一次的入班心理测验结果说明时，与孩子们见面。他们知道学校里有个叫作辅导处的办公室，却搞不清楚里面有着哪些牛鬼蛇神。

孩子们告诉我，他们观察我很久了。从他们知道辅导老师可能是可以求助的对象开始，他们会通过参加辅导处举办的各式活动、讲座、小团体，加入辅导处的志愿者；或者争取担任辅导组长一职，来增加与辅导老师互动的机会，借机观察这个号称能提供协助的人，是否值得信任。

正视那些需要被帮助的生命

原来如此啊！当我明白了这些，便深刻地意识到，从事心理助人工作时，每分每秒都需要战战兢兢、马虎不得。不仅是心理助人工作者，所有名为教师的人都该有如此的觉悟：

你得知道，孩子在真正找你之前，是多么努力地撑着。

你必须肯定他的坚持，严肃地正视他的困扰，别轻易否定他提出的问题的严重性。

你得理解，孩子很担心给你添麻烦。

你必须强化他求助的合理性，肯定他的勇敢与体贴。告诉他，你很开心他愿意给你机会协助他。

你得明白，孩子从教室走到你办公桌前的路途有多么漫长。

有时候，老师得主动出击，多些关怀与问候，这或许能缩短孩子走这条路所花费的时间。

你得记得，孩子时时刻刻都在观察你，思量着你是否是个愿意倾听、温暖支持、值得信任的对象。

你得时时刻刻表现出友善与开放的态度；当孩子开始对

你倾诉心事时，也松懈不得。你得尊重他想说什么，以及说多少；你得保证他与你接触时是安全的；同时，你要不带评价地接受他所说的一切。

别忘了，在助人关系结束前，孩子都在观察你的一举一动、一言一行。一旦感到不够安全，他们会用各种看似礼貌的借口，"拒绝"你所提供的服务。

这些是我在校园中从事心理助人服务近十年时光，孩子们教会我的事。谢谢我的学生们，因为你们的勇敢、主动与信任，才让我有机会协助你们；而我从你们身上学习到的，总是比我所能给予你们的多上许多。

受伤的孩子和坏掉的大人

我是一个在校园中提供心理助人服务的实务工作者，长期为青少年孩子们工作。孩子们在会谈室中与我分享他们的痛苦，多半和身旁的人脱不了关系，如同阿德勒心理学主张的："所有的困扰都来自人际关系。"

哪一种关系形态最令孩子们感到痛苦？**正值青春期的孩子们，最大的困扰常源自于那些生养他们、照顾他们，每天与他们密切互动的大人们——可能是父母，有的则是老师。**

许多孩子来自失去功能的家庭，有着疏忽管教、高控制欲、内在匮乏以致话语总充满怨念的父母；也有些孩子在成长过程中，遇到令他们感到挫折与心寒的教师，一次又一次地打击他们的自信心。

此外，校园里仍有许多教师活在过去的时空里，固执地采用古老、无效又毫无弹性的教学方式；无视教育环境的改变，硬将旧有的教育观点与做法强加在学生身上，令学生敢怒不敢言，同时觉得疲惫不堪。

这样的故事，我听过太多了。**本应友善地教导与照顾孩子们的大人坏掉了，但受伤的却是孩子，被送来疗伤止痛的也总是孩子。**而那些坏掉的大人，却没有机会被送去好好地"维修"一番，因为他们总是无法觉察自己的言行，是否为孩子带来了伤害，甚至坚持这是一种爱，是教养孩子最好的方式。

孩子的生命故事每每凸显出大人世界的荒谬。大人们爱面子、好比较、不重承诺、双重标准、虚伪做作、自以为是、匮乏无力、过度干涉、难以自省、情绪暴躁……**各种恶形恶状被包裹在所谓"爱"的糖衣下，将其合理化地告诉孩子："这一切都是为了你好！"**于是，孩子们的认知错乱了，孩子们的内心出现矛盾冲突：究竟该相信哪一个面貌的大人？

然而，细究大人们的成长过程，可能也曾有着相同的际遇，在伤痕累累中长大。**大人们内心的创伤，使其不自觉复制了过往照顾者的行为模式，那是从小面对照顾者种种情绪压迫时的因应之道；久而久之，便在成长过程中将自己形塑为最不喜欢的样貌。**等到长大了，拥有更多力量之后，再把这些令孩子痛苦的行为模式传递下去。

青少年的心思是相当敏感的，这个时期的孩子正准备迈向自立，需要感受自我价值，也需要独立做自己。只是，大人的爱，好沉重，孩子无法从中自在地活出自己的样貌，得分出好多力气来回应父母老师的需求。不听从父母的，内心会抱着强烈的愧疚感；不走自己的路，又感到遗憾万分。

听着孩子的故事，我常觉得无能为力。我无法进到家庭中去改变他们的父母，我难以代替孩子出面与令他们挫败的老师沟通，我更无力去改变社会上某些过时、扭曲、不友善、充满歧视且缺乏弹性的价值观。

我能做的，就只是陪伴孩子，帮助他们长出更多的力量，去对抗那些坏掉的大人施加在他们身上的一切；并且让孩子有所自觉，不再复制大人坏掉的行径，走上那些父

母老师一再犯错的路。

心理助人者或孩子身边的老师，能带给受伤的孩子最好的礼物，往往是一段具"矫正性的情感经验"（corrective emotional experience）。也就是为孩子创造出一种新的人际关系模式，有别于他在原生家庭中的人际互动，或者有别于他与老师互动时的痛苦经验。

在这段另类的关系中，孩子们体验到的是稳定的情感联结——被关怀、被尊重、被支持与被肯定，这将会使他们逐渐看到自己的价值与重要性，知道自己是值得被爱与被重视的，并且被允许用自己的姿态展翅高飞。

与其说助人，不如说是自我修炼

每一次陪伴孩子的过程中，收获最大的总是自己。

在心理助人工作中，我得时常面对内心的无力与焦躁，看见自己与孩子一样匮乏无助。当面对孩子庞大的情绪风暴时，我也得学习如何安顿自己，并且稳定地将孩子的情绪给承接下来。

每个孩子都是一面镜子，让人赤裸裸地照见了自己最脆弱与丑陋的一面，同时让生命有机会重新选择与成长。

一次又一次，与其说助人，不如说是一种自我修炼的过程。

在这本书中，有着许多我与青少年孩子们之间互动的故事。这些文字不只是故事而已，更有着我在从事青少年心理助人工作时的体悟与反思。为了保护当事人及符合助人专业伦理，故事中的人物、情节及背景皆经过大幅度改编。

而我真正想做的是从孩子们的故事中，呈现出大人世界的荒腔走板——许多大人坏掉了，却用令人窒息的爱强加在孩子身上。同时，我也尽力去描绘，这些受伤的孩子们，内心其实有着强韧、勇敢与令人感到不可思议的生命力。他们是如此坚强地撑着，拼命地对抗来自大人世界的种种压力与苦痛，并努力让自己不成为下一个坏掉的大人。

我们都该向孩子学习。孩子是我的老师，我从他们身上学到的，往往比我能带给他们的多上许多。

我很庆幸自己走上了心理助人之路，在助人的过程中，我才是最大的受益者。

我永远不会忘记这句话："老师，可以和你聊一下吗？"

心理助人是用生命陪伴生命、用生命影响生命的过程，我们怎能不严肃地看待每一个前来求助的人呢？

Part Ⅰ
受伤的孩子
与渴求爱的灵魂

这些孩子，活的不是自己的人生。

他们对未来茫然，

因为他们总是回头看父母的眼光，

而不是向前看自己的未来。

01 孩子活的是谁的人生

一位女孩因为出现压力性的身心症状，被转介到我这里谈话。她在初中时的成绩不错，上了高中之后，学习成绩却始终落后，感到挫败不已。最近几个月，上课时间常跑保健室休息，都说头痛。家人带去医院做进一步检查后，却又一切正常。

保健室的护理师看她闷闷不乐，似有难言之隐，联系我和她谈谈。

初次见面，看她憔悴的面容带着一丝忧心，我问她是否在烦恼些什么。她告诉我，她很担心自己的功课。学习表现本来就不佳了，莫名的身体不适，让她的学习落后同学更多了。

她说："我是家族中唯一考上公立高中的小孩，家人对我有很高的期待。"

我以同理的口吻回应："很辛苦吧？你有着在学习上不能失败的压力吧？"

"对啊！可是现在我无法专注听课，书也念不下去，成绩糟透了！"她向我抱怨自己的成绩一落千丈，很担心会落后同学太多；

明明知道身体不好要多休息，却又无法真正让自己放松下来。

她边啜泣边说："我就是个失败者，让父母失望了！"

我看到的这个孩子，实在很体贴，十分在意父母的感受。然而，她却用让父母满意或失望，来定义自己是个成功者或失败者。

"为什么是我？"她低下头，喃喃自语地说出了这句话。

女孩告诉我，她在家中排行老二，姐姐成绩不如她，就读私立高职；妹妹目前初一，学习更令人担心。姐姐和妹妹从小就不爱读书，又很有主见，想做的事情就执意去做，父母怎样也拦不住。

而这女孩，是家中学习表现最好也最愿用功读书的孩子。假日鲜少外出，不曾乱跑，时常帮父母分担家务。她总会想起母亲的耳提面命："我们家就属你最会念书，我不指望你的姐姐和妹妹。你一定要好好努力，可别让我们失望！"

当这孩子进入高中，面临更激烈的学习竞争，无法再像过去一样拥有好成绩时，便认为自己没能达到父母的期待，而感到沮丧挫败。

"其实我考不好时，爸妈不会骂我。他们没有给我压力，他们只是要我再接再厉，因为我的表现是他们能期待的。

"老实说，我很羡慕姐姐和妹妹，她们都知道未来要做什么，只有我对未来茫然。爸妈说，反正我也不知道以后要走哪一条路，不如就照着他们的规划，好好念完高中，考个好大学。"

我很心疼这孩子。她的内心相当矛盾，一方面体贴父母，知道父母对自己期望很高，因此一心向学，不让父母担心；但又委屈无比，因为背负着长辈的期待，不能在学习上失败，和姐姐、妹妹比起来，只能选择当个听话的小孩，不再被允许有其他选项了。就连在人生发展上，也必须顺从父母安排。

想一想，在公司、班级、团队或组织里，因为某种机缘巧合，所有的人都将这个团体的兴衰重任放在你的身上，期待你的表现能扭转团体发展的命运。

大伙儿说："你是我们团队的救星，一切都靠你了！"又说："没有你不行，大家的期待都在你身上！"你的感受如何？是荣耀，或是压力？

如果，成为团体中众所期待的救星，正好是你的人生志向，那恭喜你，你不但乐于承担，更会甘之如饴。然而，如果这一点都不是你想要扮演的角色呢？大部分的时候，你只能无奈接受，同时将眼泪往肚里吞。

　　试想，如果一个孩子，从小就得肩负起家族兴衰成败的重任，被所有家族长辈期待成为光耀门楣的唯一指望时，他的人生会如何？除了按照大人期待的样子长大，他还能有其他选择吗？

　　这不是历史剧、古装剧，而是活生生发生在现今教育现场里的戏码。

有话不能说，有情不能感，身体会说话

　　其实，这样的孩子在校园中蛮常见的。**他们常会通过莫名的身心症状，来表达内心无法说出口的委屈，以及没能被父母理解的痛苦。甚至，如果出现了与父母意见相左的念头，心里就会有罪恶感，也不允许自己在父母面前表露负面情绪。**

　　有话不能说，有情不能感，就让身体来说话。莫名的疼痛，正是最常见的症状，那是压力的信号，也是求救的声音。

　　这样的孩子，活的是父母的人生，不是自己的。他们总是在回应父母的期待，压抑自己的想法；于是，他们对未来茫然，因为他们总是回头看父母的眼光，而不是向前翘首期盼自己的未来。

　　成长总是向前走的。一个孩子若总是回头照顾父母的需求，那么他是无法过好自己的人生的，因为，他悖逆了成长的走向。于是，他带着生命中未被满足的缺憾长大了，也开始要求子女照

顾自己的期待，弥补自己的人生缺憾。就这样代代相传，代代都在无奈、委屈与遗憾中成长与凋零。

藏在赞美背后的说服

不少父母以为告诉孩子"我们对你的期待很高"或"我们只能指望你了"，是在激励孩子奋发向上，却不知道这可能是在阻碍孩子的发展，让孩子无法活出属于自己的人生。

也有许多家长总说从没给孩子太大压力，确实，当孩子考差了，他们也不会加以责难。然而，**更多的压力却是来自于家长对孩子抱着极高的期待**，不自觉地转成话语，脱口而出。看似微不足道，其实后劲十足，孩子正是为了那些话语而活的。

例如有的父母对孩子的选择，常会不自觉地释放出双重讯息。常见的是，一方面表达支持，在语言上；但在非语言（包括语调与肢体）上，却极力反对。

也有的家长对孩子口中尽是肯定与赞美，但紧接而来的却是一连串的建议，要孩子照着做就对了。此刻，孩子的内心是混乱的："父母究竟是支持我，还是不信任我？"

亲子之间长久相处，孩子能不感受到父母并没有真诚一致地表达观点吗？事实上，在与任何心口不一、身心不一致的人相处时，都是令人难受的。而大人们太常使用"包装在赞美背后的说服"来影响孩子。他们的内在是否真心诚意？他们是否又有自觉呢？

每个人的人生，都只能由他自己照顾

古有明训："富不过三代。"指的是后代子孙因为有个富爸爸或富爷爷就挥霍无度，逐渐坐吃山空。而我的见解是，华人社会强调家业世袭、父业子承，某个孩子得肩负起延续家族事业的责任，这就是在照顾父母或祖先的期待。当孩子的眼光无法向前看，自然无法过好自己的人生，又怎么有余力顾好家族事业呢？结果就是一代不如一代。

父母对子女的期待往往来自成长过程中未被满足的需求，不知不觉间通过操纵孩子，来抚慰内心的伤痕。因此，做父母的必须体认到，每个人的人生都只能由他自己去照顾；若感到人生有缺憾，也只能由他们自己去弥补。

每个孩子来到这世界上，都是为了超越上一代，并创造更好的生存条件。而超越上一代最好的途径，就是让孩子活出属于自己的人生；而非为了照顾父母的期待，而牵绊住自己追求人生的脚步。

02 当孩子口中只剩下"不知道"

有一次，一个导师带了学生来找我。导师劈头就说，这孩子和同学吵架，情绪失控出手打人。

"我刚给他记了一个小过，问他能不能接受惩处，他说可以。但问他为什么要和同学吵架，他就是不说。"导师接着说，"请你跟他谈谈吧！"

我知道，这是个艰难的任务。孩子还在情绪上头，又被导师记了小过，导师问不出所以然，只好换个人问。想必孩子已把我当成导师的同路人，我大概也讨不到什么好脸色。

其实，我是想和这孩子聊聊的。发生不愉快的事，又接着被惩处，心里应该不好受，那受伤的心情应该被人看见。然而，当时还是新手的我，实在不知道要如何切入。

我带他进入会谈室，我们对坐着，他用身体的侧面向着我，这是标准的防卫与拒绝沟通的姿态。我看着他许久，思索着该如何说出第一句话。

空气仿佛冻结了，我打破沉默，问他："你还好吗？"

"嗯。"一如预期,简洁扼要。

我接着问:"'嗯'的意思是'好',还是'不好'?或者其他?"

等了许久,他勉强挤出两个字:"还好。"

"还好,嗯。那你现在的感觉怎么样?"

"就还好啦!不知道。"

"你想说说刚刚发生什么事了吗?"

"就老师说的那样,不想讲了。"

我点点头。眼看对话难以进行,我心里急得很。这样下去也不是办法,索性心里一横,他想谈就谈,不想就不要谈。于是我说:

"我知道你心里应该不好受,我很想多了解一些。但你想说也好,不想说也好。若是想说,多说一点也好,少说一点也可以。"

我心里盘算着,若是他什么都不说,我就在这里陪他到会谈时间结束,再把他送回去,然后告诉导师我无能为力。

两分钟后,孩子转过头来看着我,开口说:

"我以为我当时可以好好跟他说的,没想到会情绪失控,出手打人。我以为我控制得住自己的……"

　　我点点头示意他继续说。他接着告诉我，自己是如何开始与同学吵架，接着动手，以及当时与此刻心里的感觉和想法。他很生气，气同学要惹他，气导师不明就里惩处他，更气自己怎么会犯下这种错。

　　"谢谢你愿意告诉我这么多。"我说。

　　我很惊讶，当我抱着"不说也行"的心情来面对这孩子时，他反而开口了，而且说出来的话比我想象的更多。后来，我才知道，孩子不是不说，而是需要被尊重，当他感觉到自己处在一个安全、不会被批判的对话环境时，才会愿意向老师揭露自己的内心。

少年话少便是德？

　　如果你有机会认真坐下来与初中、高中的青少年孩子们谈谈，了解他们内心的想法，十次中会有七八次让你感到很挫败。

　　"不知道""都可以""还好""随便""没差"……你可能常会获得这种极简风格的回应。往往你讲了好几句，他们只回你两三个字。

　　有时候，真的很令人抓狂！表达有那么困难吗？

　　还是，这是种流行文化，所谓"少年话少便是德"？仔细观察孩子在同侪间的互动，又觉得他们明明可以叽里呱啦说个没完，怎么面对老师就变得"惜字如金"了？

有人说青少年是人类中最难以沟通的族群。身为心理助人者，我常有机会与孩子们聊聊内心事。有人可以侃侃而谈，欲罢不能；也常碰到脸很臭、装酷摆闷的孩子，虽有问必答，但从不超过三个字，当然也完全不正眼瞧你。

而与心理健康有关的课程，也多半需要互动、讨论与分享。孩子们可以在台下和同侪聊到屋顶快被掀翻，当被"邀请"起来对着大家发言时，却又哑口无言。刚才的长篇大论跑哪里去了呢？

于是，当我还是个心理助人界的菜鸟时，如何让孩子开口多说点话，便成了每日工作的首要挑战。

可以说，也可以不说

当我开始抱着"不说也行"的心情来面对孩子时，我也把这样的态度与策略，放进带领青少年的团体活动中。

带青少年的小团体活动时，我常会因成员在团体中的沉默不语而感到焦虑。照惯例，在第一次团体聚会时，会叮咛成员多分享讨论。接着我会补上一句："虽然希望你们多发言，不过你们可以选择多说一点，或少说一点，也可以不说，我会尊重你们。"

我真的可以允许成员在团体里不说话吗？我很怀疑，这样的尊重是否恰当？然而，我仍试着坚持尊重成员说与不说、说多说少的权利。通常，成员会颇赏脸地分享不少想法，一些一开始较沉默的成员，到了团体中后期也能侃侃而谈。

我逐渐领会到，**在与初中、高中阶段的孩子互动时，允许他们用他们想要的方式发言，往往能让他们更愿意多说一点。**对他们来说，与不熟悉的老师谈话，或参与团体活动中发言讨论，都是一种冒险。他们可能会被别人打量或评价，不知道自己说出来的话是否会被他人接受，当然要字斟句酌；若没有把握，或观察到互动的氛围并不友善，选择闭嘴什么都不说是最安全的策略。

我逐渐明白，**当我给出孩子选项，让他们感受到自己其实有选择说或不说的权利与空间，同时愿意等待他们开口时，便营造出一种让孩子感到被尊重的气氛了。此刻，孩子多半会选择说些话分享自己。**

有些老师或家长在把一些孩子转介给我时，会叮咛我："这孩子什么都不肯说，麻烦你了！"后来他们反而很讶异，孩子为什么肯对我透露这么多！其实孩子还说得更多，只是为了尊重孩子，我有所保留。

我做了些什么？其实，就是在会谈一开始，开宗明义地告诉孩子："你也许想跟我谈一些事情，也许不想。你可以选择多说一点，或少说一点，也可以什么都不说；我绝不勉强，也绝对尊重你。"往往说完这些话，孩子便开口说起自己的故事了，根本无须多问什么。

如果孩子真的什么都不说呢？很少见。不过，真遇到我通常会静静地在一旁等待，因为我已经答应他不勉强他说话。

不是不会说，是不想说

孩子们其实是想说的，就看大人愿不愿意听他们说，允不允许他们用自己的方式来说。他们的表达能力不是不好，关键在于有没有表达的意愿。他们能在同侪间侃侃而谈，显示是很有表达能力的。**他们在意的是，你是否认同他们的观点、接受他们的看法，或者至少不反驳。**

孩子口中最常出现的"不知道"，其实不是真的不知道，而是"我不想说"。因为"说了你们也不会懂"，或者"说了你们也不会信"，甚至说了还会被骂、被批评，于是用"不知道"一语带过。

孩子口中常说"还好"，其实不是真的还好，而是觉得大人有点烦。他们其实在质疑："我若认真说出我的感觉或想法，你们会在意吗？你们愿意接受吗？"对他们而言，是否被大人当作一回事更重要。

其他"极简"的回应方式，也是如此。当他们不认为自己所说的会被接纳，但不说话又可能被骂时，就会出现"没有""没差""都可以"……这样的词汇，而通常肢体动作也会是封闭和防卫的。反正多说无益，简单说个可以交差的就好，这是一种"消极配合"。

减少消极配合，将发言主导权还给孩子

从心理层面来看，"消极配合"是一种争夺主导权的行为。看似配合，却让你没辙，以展现自己在双方的互动中，握有自身言行的主导权。所以，减少消极配合的最好途径，就是将主导权直接交还给孩子，让他知道，无论如何他都有选择该如何回应的权利。

更深一层的反省在于，身为老师的我们，是否在日常生活中，愿意让孩子拥有充分表达的机会，也尊重孩子所表达的任何想法。我们是否愿意停下来倾听孩子到底在说什么，并且鼓励孩子多说一点，而非只停留在评价是非对错上。当有人愿意听，便会感到被重视，孩子将会滔滔不绝地说，同时开始练习用别人能听懂的方式表达。

对青少年孩子而言，表达一点都不难，只是要给予他们绝对的尊重。

孩子也需要被尊重。将沟通的主导权还给孩子，让他们感受到，其实自己有选择说或不说的权利与空间，同时等待他们开口。因为他们在意的是，你是否真正认同他们的观点、耐心倾听他们的看法，或者至少，他们努力表达的意见不被你反驳。

03 活在"无力世代"？

　　曾经和一个严重沉迷于网络游戏的孩子谈话，我好奇地问他，网络游戏的好玩之处在哪里？

　　他兴奋地举了几款游戏为例，告诉我其中的奥妙，以及关关难过关关过的诀窍，显然孩子在网络游戏世界中深感成就。然而刹那间，孩子眼神空洞，低下了头，呆呆地看着地上，与刚刚兴高采烈的神情明显不同。

　　我问："怎么啦？想到什么了？"

　　孩子说："没事啦！"

　　我不放弃："我看到你的头低下来，神情有点落寞，是不是想到什么了？"

　　孩子沉默半刻，缓缓地说："嗯……我不知道该怎么说，我的意思是，其实，我觉得网络游戏也不是这么好玩，刚开始破关时觉得很兴奋，但久了就没意思。"又说，"所以，我有时候也在想，要不要干脆别玩了。"

在我高中时期，高考前夕，班上同学无不埋首苦读，迎接这场艰难的硬仗。大多时候，下课时间总是很安静，同学们不是温习功课，就是趴在桌上补觉。

一日，下课时，教室外的楼梯间传来急促又刺耳的脚步声。原来是一位同学到了学校后，换上轻便的拖鞋上下楼梯行走时，没有放轻脚步，发出了"吧嗒吧嗒"的尖锐声响。

一位正在教室里趴着补觉的同学，突然起身往教室外头冲，到了楼梯间，一把抓住方才穿着拖鞋制造出极大噪音的同学，朝他脸上重击了一拳。穿拖鞋的同学个头较矮小，一屁股跌坐在地上，一脸不解地看着对方，一股鲜血从鼻孔中缓缓流出。

出手的同学骂了些不堪入耳的脏话，接着说："走楼梯一定要这么吵吗，你不知道有人在休息吗？"另一方捂着鼻子，也不甘示弱地回呛："我走我的楼梯，关你屁事，要睡觉不会回家去睡喔！"

接着，脏话声此起彼落，两个十七岁的男孩高分贝地对吼，扭打成一团。结局是，两人都被带进了老师办公室。

内在无力的孩子们

周末假期，我常到学校为孩子们带领各种主题的工作坊。如果课程地点是能席地而坐的地板教室，孩子们会从"坐姿"逐渐变成"卧姿"；再配上轻柔的音乐，眼睛就要不争气地眯起来了。

我问孩子，怎么看起来这么累？他们告诉我，真的很累。

我相信，他们是疲惫不堪的。一方面，初中、高中的孩子们学习压力大，普遍睡眠不足，这是身体上的疲累；另一方面，他们的心也很累。

在教育现场里，我时时观察着校园生态，**现今的孩子似乎进入了一种"无力世代"。在社会迈向更多元、开放，教育内容也不断翻转创新的同时，孩子们的内心世界却存在着近乎枯竭的无力感。**我时常问，为什么会这样？

当一个孩子长期感到内在无力时，会表现在几个方面：

（一）对新鲜刺激减敏感

许多老师常提到，现在学生的胃口越来越大。课程设计的内容再新奇有趣，也不一定能吸引学生的目光；办的活动不够新颖好玩，学生便感到索然无味；邀请来的讲师没有与众不同的花招，学生就不买账。

就算这次让他们满意了，下次的刺激强度没再增加，他们便觉得没意思了。孩子们寻求的是更高强度的外在刺激，而不是静下来体会、学习，在旅途中因发现新知或共鸣而感受到欣喜与愉悦。

（二）无聊症候群

不只听过一位沉迷线上游戏的孩子提到，网络游戏没那么好玩，刚开始破关时虽然兴奋不已，久了就没感觉了。

在一些孩子身上，看不出他们对哪些事特别有兴趣；对生活的一切，也似乎感到麻木、缺乏好奇心。大多时刻不是忙于应付被老师安排的任务，就是在放空、发呆或漫无目的地滑手机、上网、看电视。

难怪青少年孩子最常挂在嘴边的话是："还好""没差""无所谓""不知道"与"都可以"。

（三）想的比做的多

青少年阶段应该是梦想逐渐成形的时候。许多孩子很羡慕那些大胆追梦的人，但是想归想，他们很少去行动。

他们不愿意积极探索世界，也鲜少主动安排生活，呈现出低动机的状态。甚至，**最后连想都不想了，因为不相信自己做得到。**

例如许多高中生最希望知道的是"自己的人生方向"，但是他们常常不愿花费心力去思考。他们告诉我："想了也不知道能不能实现，干脆不想了。"

紧凑忙碌的行程安排

究竟"无力世代"的孩子们，是在一个怎样的处境下，让他们对世界不再充满热情、失去好奇心，总是感到无聊、无趣，缺乏活力，动机低落，甚至自信不足呢？

在以升学主义为首的教育环境下，学习仍是孩子生活压力来源之首。**就算教育再怎么改革、制度再怎么良善，多如麻的考试与作业就是少不了。**甚至，无止境地罚写、罚抄，仍是许多老师不愿意放弃的教学措施之一。

为了培养孩子学习以外的多元能力与素养，学校还得安排其他的学习项目。现今的孩子在课余时间需要参与的活动，是过去一代的学生所难以想象的。

为了达到这些与学习有关或无关的表现与要求，再多的心力都不够用，当然看起来无精打采、疲惫不堪，更没有多余的心思去对世界展现出更多热情与探索。

生活中缺乏可支配感

如果生活中已被安排了各种不得不做的事，而每一件事都是那么重要，且迫在眉睫、刻不容缓，孩子们究竟能拥有多少空间，规划自己的日常行程？

在"时间管理"这个议题上，我常发现，孩子们不是没有做好时间管理，而是根本没有时间让他们管理。

我们期待孩子主动、积极、有想法、有创意，却总要孩子照着我们安排的行程走；当孩子发现生活中逐渐失去了可支配感，于是不再挣扎，关闭起原本敏锐的感官，对生活逐渐麻木、无感，让自己不要想那么多，因为想了也没用。

恐惧教育的遗毒

上一辈的人是苦过来的，总是用让孩子"害怕"的手段来鞭策他们前进。于是，孩子愿意做某事的动机，不是因为内心渴望，而是为了避免大人口中的后果发生，这便是"恐惧教育"。

"如果你不……（某种行为），你以后就会……（某种后果）！"这些话我们都不陌生，久了，会让孩子们内化成一股信念。他们会告诉自己，不需要对世界有热情、期待或理想，只要尽一切力量去避免可怕的事发生就好，例如失败、失业、被嘲笑、被看轻……

当孩子相信自己做不到，或认为没有资格达成，自然动机低落，缺乏执行力。孩子不是没有梦想，而是不敢去想！

用暴躁情绪来争夺生活主导权

令人担心的是，孩子在逐渐变得麻木的同时，对于那些发生在生活中的委屈、心酸、不平与无奈，也变得不去感受、面对或处理，只是自我催眠般告诉自己："没关系，不理会就没事了。"

然而，我们都知道，冷漠地忽略情绪，并不会就此摆脱情绪的纠缠。此刻孩子的内心正在累积愤怒，直到某一天，导火线被点燃，就会一发不可收拾地爆发。

我们常看见，一些平时看似温和的学生，突然间为了一些小事情绪失控，对老师或同学暴怒咆哮、拳脚相向。一个越是内在无力的人，越是要用大声、嘶吼、愤怒与夸张的肢体动作，来展现自己的力量，唯有如此，才能感受自己对生活有支配权。

多一点选择，多一点停留，多一点平静

如果你是家长或教师，读到这里，是否也会感到很无力？这很正常，我们都看到问题了，但我们也都无力改变。因为，大人们也常处在身不由己的状态下，疲于应付生活中的各种考验。

只是，我们仍然可以选择不将这份无力感复制到孩子身上。即使既成的体制尚难撼动，我们仍然可以试着在各个方面帮助孩子：

让孩子在生活中拥有更多的选择与更大的决定权，并获得更

多信任；

　　教孩子不只知道"得"，还要学会"舍"；慢下步调，在忙碌的生活中多点停留，而不是漫无目的地被填塞行程；

　　引导孩子静下心，启动感官经验，保持视、听、触、味、嗅的感官敏锐度，重新联结内外在世界，懂得欣赏与领略生活中每个片刻的美好；

　　鼓励孩子倾听内心的渴望，大胆做梦，大胆想象，也大胆实践，而无须担心被如何评价。

> 或许，"无力世代"不是校园里的孩子专属的，而是这个社会的写照。但我们仍然可以帮助孩子，不是催促，而是让他们慢下脚步，倾听自己内心的声音。

04 都是他们的错！
——当孩子出现"托付心态"

每回对家长演讲时，总会有些焦急的家长，带着孩子的问题来与我讨论。有一次，演讲中场休息时，一个母亲走上前来问我：

"我的孩子今年高三，正在准备升学考试，一直以来成绩都不差，但最近好像越来越混，不太愿意将心思投入学习中。"

"那你们怎么做？"我好奇地问。

"如果我叮咛他读书，他会告诉我，读这么多书没有用，就算考上顶尖大学又如何，台湾地区的教育制度根本对学生的未来没帮助……诸如此类的话。"这位母亲停顿了一下，接着说，"我想请教老师，我该如何面对孩子这样的反应呢？"

面对孩子的学习问题，家长总是心急如焚，特别是人生中重要的考试关卡将至，再怎样不要求学习成绩的家长，也不免会忧心起来。

我接着问："你的孩子是过去就会质疑读书学习或升学的价值，还是最近才开始的？"她告诉我，是升上高三后才开始的。

我笑了笑，眼神柔和地看着这位爱子心切的母亲，说："辛苦你了，面对孩子这样的抱怨，真的很难应对吧？我想，你也很担心，他是否真的相信读书升学没有用，干脆放弃努力了吧？"母亲用力地点点头。

每当孩子在应该研读功课时，却没有坐在书桌前，或者常表现得满不在乎时，母亲就更担心了，总会想起孩子对她说的话："读这么多书也没有用。"万一孩子真的这么认为，未来不就放弃学习了吗？

"其实，这孩子很贴心、很在意你的。他会告诉你这些抱怨，事实上是在向你传达一些重要的讯息。"母亲瞪大双眼，惊讶地问："真的吗？是什么讯息？"

我说："他在告诉你，他目前正处在难以招架的学习困境中。他很努力，但没有达到理想中的结果，心里很慌乱。他期许不要让父母失望，却又不知道如何面对父母的期待。他担心自己做不列，却又想显示自己有能力独立面对这一切。"

"那我该怎么做？"母亲听完了我的分析后，接着问，"我需要跟他说，他都是在找借口，要他为自己负起责任吗？"

"不是的！孩子其实一直都没有放弃努力，只是在学习挫败之下，现在内心很脆弱。此刻，父母要做的事，便是去理解孩子的'无力'与'尽力'。"

我停顿了一下，让她稍微消化，确定她能跟得上，然后继续说："也就是说，去同理他的无力感，同时赞许他已尽了全力。"

为自己的愚蠢或错误行为找个托词

我走路时，常因粗心大意绊到脚，然后跌跤，撞到东西，弄痛或弄伤自己，到现在还是如此。

记得很小的时候，在家里走路撞到桌角，膝盖痛得眼泪都掉下来了。父亲连忙过来安慰我，问我好端端的怎么会撞到东西，我嘟起嘴生气地说："是它（桌子）自己要挡在那边的啊！"

长大了，父母还常拿这类往事来糗我。想想小时候，这类走路不长眼却去怪罪那些不会移动的物品撞到自己的事情，确实常见，桌子是何其无辜啊。

现在我才知道，当时无厘头的反应，正是一种典型的"托付心态"。当我们将生活中每一次不顺遂的原因，全都怪罪到别人身上，作为自己的愚蠢或错误行为的托词时，就是一种"托付心态"。

托付心态的出现，是因为内心既脆弱又坚强

当我们面临困境时，很容易把炮口向外，将矛头指向别人，通过抱怨来让别人知道，不是自己没能力，而是问题都出在别人身上。这样能合理化自己不佳的表现，避免被人看到自己内心的脆弱。而事实上，此时的自己是深感无力的。

当托付心态出现时，我们将个人成败的原因推托给自身以外的人、事、物，便能暂时假装没看见自己的脆弱与不是，甚至摆脱需要负起的责任，心里也感到轻松许多。

然而仔细想想，那些抱怨、责怪与托词，有多少符合事实？而有多少又真的给我们带来了阻碍？

孩子的托付心态，常来自于过度在意父母长辈的评价。孩子总是想拿出最好的表现给父母看。而有着托付心态的孩子，常因为担心让父母失望，于是对父母说出一套看似有理的抱怨，以掩饰内心的脆弱和暂时的失败。事实上，孩子仍想继续努力表现给父母看，这是孩子内心强韧的一面。

　　只是，此刻的大人，是否理解孩子内心深处渴求爱与肯定的心情？或者，只是一味不留情面地批评与指责孩子的行为不够成熟？大人们总说：

　　"不想做就不想做，借口一大堆！"

　　"都是你的话！你就是懒惰，就是在逃避！"

　　"就只有你这样想，别人都不会，你再积极一点吧！"

　　"少对我说那一套，尽想些有的没有的，把心思放在功课上吧！"

　　"你真是吃饱太闲，花点力气去做有这么难吗？"

　　如果大人的批评与指责有用，孩子早就振作了。无奈的是，内心无力的孩子在被父母这么说之后，仅存的力量可能更是溃散殆尽！因为他们更难以去面对，当自己失败时，会如何遭受大人的责怪；他们更加不相信自己有办法克服困境、达到目标，特别是成为父母期待中的样子。于是，他们越需要寻找更多的托词，来避免很努力但做不到的窘境。

　　当托付心态出现时，大人要明白，这时候孩子最需要的是被父母理解，同时获得父母无条件的爱与支持。爱能让内心充满力量，愿意将人生成败的责任拿回自己身上，靠自己的努力，照顾自己的人生。

　　下一次，当孩子又在怪东怪西，抱怨都不是自己的错时，别急着指责孩子，请试着温柔地看见孩子的脆弱与坚强。

　　多一点等待，少一点催促；多一点支持，少一点责怪。在充分的爱与支持下，逐步地引导孩子思考：自己还能为自己做些什么，如何为自己拿回人生的主导权。

05 只是"消极配合"?
——当孩子不愿再和你对话

我时常在与孩子会谈时,核对孩子周遭的大人对他的评价,与孩子对自己的观感之间是否一致。

有个孩子,我在和他会谈了几次之后,告诉他我对他的观察:

"你的导师告诉我,你每次和她说话,态度总是很轻浮,老爱开玩笑,回答问题时态度总不正经,她实在不知道你在想什么。可是在这里,我和你接触了几次,却没有观察到这个现象。"我要他告诉我,对于导师的描述,他有什么看法。

"对啊,老师说得没错。"他平静地说。不只对导师,他对其他老师也总是嬉皮笑脸。

"为什么在我这里,就看不见那个面貌的你?"我疑惑地问。

他摇摇头,告诉我,他不知道。

接下来,我们持续谈话。我们之间的话题范围很广,谈学习、谈人生、谈梦想、谈家庭、谈朋友、谈爱情。几周后,他告诉我:

"老师，你不是曾经问我，为什么对你不会嬉皮笑脸吗？"

我想起曾经问过他这个问题，我说："嗯，我觉得跟你讨论时你挺正经的，从没见过你轻浮敷衍的态度。"

"我想过了，也许是因为你从来没有一定要我说什么吧。"

与儿童或青少年一起工作的心理助人服务者，常遇到某类个案，就是在学校里和老师互动时让老师头痛得很，却在心理助人者（包括心理师或辅导教师）面前相当配合。

在进行咨询督导时，新手心理师或辅导教师常对我提到这类孩子的样貌："他和我说话时相当有礼貌，也很正经，不像导师说的那样老爱开玩笑。""会谈中，他谈到蛮多事的，不像转介的老师说的那样，什么都不肯说。""我们谈过几次了，他知无不言，也很真诚地说出内心的感受与想法。他父母却说他总是随便敷衍大人，但我实在看不出来……"

在我自己的经验中，也时常接触到这类型的孩子。在会谈室外他人的描述与评价，与会谈室内我的观察与感受，之间有着极大的落差。

有时让我感到很疑惑，到底谁看到的才是真相？

"消极配合"终止了继续互动的意图

这类型的孩子所呈现出来与大人的互动形态，是典型的"消极配合"行为。也就是，他们不会顶撞老师，也不会对老师默不吭声、毫不理会；他们会说些老师想听的话，但通常不会照着做。

有些孩子嬉皮笑脸的，有时甚至油嘴滑舌；有些孩子则是脸上表情漠然，只是在嘴上讲着"好"或"成，我知道了"。简洁的回应风格，"句点"任何他人想继续互动的意图。

你说孩子不听话也不是，但他实际上也没真的照你说的话去做。每次你要求他或纠正他的言行，他不是开玩笑地敷衍你，就是冷淡又简短地附和你说他知道了。

对于这些孩子，老师找不到理由说他们做错了什么，但就是拿他们没辙，找不到话题继续谈下去。最后，不仅无从了解他们，更不知道他们心里到底在想些什么。

于是这些孩子，就这样被转介来给辅导教师或心理师了。

是对话，还是争夺权力的战场？

实际上，消极配合，是人际关系中争夺主导权的表现方式之一。通常，孩子在权力地位上处于弱势，却用看似配合，但让你不知道如何继续互动的方式，展现出没能被你控制的一面。于是，不知不觉中，你们之间的互动便由他取得主导的地位了。

孩子很懂得如何赶快与你结束话题。为什么他们要在对话中取得主导权？因为，他们想赶快结束对话。为什么想结束对话？因为，他们预期这场对话不会很愉快。当你拿他没辙时，自然讲不下去，就会放过他了。

"他们根本不想了解我的难处，只是一股脑儿地批评我，要我改正这个、改正那个。"一个孩子曾经如此告诉我。

原来，消极配合的背后，真正的意图是拒绝接触。

想一想，在职场上，如果上司从不愿倾听下属的意见，只是不断地下命令，或是指责批评，做下属的当然也只能一个劲儿地点头，拼命说："好、好、好，我知道了！"这种情况也难以判断，下属到底是真的知道了，还是在敷衍上司。

当你不想与某人有过多互动，又不想撕破脸弄得大家都难堪时，就会很自然地消极配合。大人如此，孩子当然也会如此。

抗拒行为之前，必存在着控制的意图

我们不是讨人厌的恶上司，却落得让孩子不想与我们接触。因为，**每个抗拒行为之前，必存在控制的意图**，这是我们不经意中流露出来让孩子感受到的。

人与人之间的互动，追求的是双赢。双方在充分表达与交换观点后，取得共识，而非谁是谁非的零和竞赛。老师虽有引导孩子成长的责任，但在与孩子沟通时，却得放下任何想操控或主导局面的意图。尤其是对青少年时期的大孩子，别预设孩子一定得照着我想的说，照着我想的做。

身为老师的我们，当发现孩子出现消极配合的言行时，得立刻意识到自己是否曾释放出操控的意图。然后，请坦诚地对孩子说：

"我能感受到，你也许不太想跟我谈，因为你觉得只能照我说的做，没有别的选择；只能谈我想谈的话题，不能说别的，是吗？"

接着，你可以这么告诉孩子，表达你的开放心态：

"我很抱歉让你有这种感觉。我很想多了解你，与你讨论你现在面临的困境，甚至给你一些帮助。如果你愿意的话，可以告诉我任何你想说的。然而，想说也好，不想说也好，我都尊重。如果你愿意说的话，想多说一点、少说一点，也都可以。"

最后，别忘了让孩子知道，你非常尊重他：

"那些不想让我知道的事，留在你的心底就好，我不会再追问。"

其实，这正是我在青少年个案会谈一开始，就会摊开来说的"台词"。孩子是敏锐的，当他们听了这些话，真正感到被尊重时，就愿意侃侃而谈，真诚回答我所提出的问题。

而我也可以感受得到，我们之间不是在争夺谈话的主导权，而是在朝向让对方变得更好的目标，真心地贴近彼此。

学习不操控孩子。真正的互动，来自心态开放的尊重。

06 讨爱的孩子

在一次亲子教育讲座后，一位家长上前与我讨论孩子学习的事。她告诉我，孩子刚上初中，在学习上投注许多心力，甚至牺牲睡眠时间，效果却不佳。由于孩子时常晚睡，她非常担心孩子的身体发育状况。

我既心疼又惊讶地说："一天只睡六小时，对一个青少年绝非有益的生活习惯。他究竟是怎么用功的呢？"

"他从小有注意力方面的问题，现在通过服药控制。他写字和阅读的速度很慢，功课或习题常常写不完。小学时还好，初中学习分量一重，他就得花上更多时间写作业，忙完时已经夜深人静了。"

真是个认真的孩子啊，尽管有些发育上的障碍，但仍然坚持为自己的学习负起责任，我不禁感列佩服。

　　家长继续说："不过，我觉得他写作业或阅读速度这么慢，应该和他的龟毛[1]个性有关。"我点点头，用眼神示意家长继续说。

　　"他总是坚持写字要一笔一画、工工整整，不能有一丝含糊；读书也坚持一个字、一句话地读，而不是找重点读就好。"

　　我直觉这孩子在学习上有着高度焦虑的情绪，于是问家长："孩子现在的学习成绩如何？"家长告诉我，在班上几乎是垫底。

　　"他考不好，回家会对我哭诉。问我为什么他都这么用功了成绩仍然不好。我要他早点睡，精神饱满地去上课，理解力和专注力都会比较好，但他就是不听，坚持每天读到三更半夜。孩子都这么认真了，我也只能安慰和鼓励他……"家长眼眶泛红地问我，"我还能做些什么呢？"

　　我沉思了片刻，点点头说："看孩子这么无助，你一定很心疼

1　当一个人非常无聊、非常有趣或非常认真时产生的一些异于常人的行为，导致周围的人相当抓狂的行为。

吧？又担心他把身体给熬坏了。我跟你一样，也不赞成孩子晚睡，影响成长发育和学习效果。”

我继续说：“不过，你得知道，这孩子是个‘讨爱’的孩子。”家长瞪大眼睛，疑惑地看着我。我接着说：“也就是说，孩子想让你们看到的，其实不是成绩的进步，而是他有多么努力。”

我对忧心的家长说：“我不知道孩子过去经历了哪些挫折或创伤，但是，他很担心因为功课不好而无法获得父母的肯定与关爱。于是，他用牺牲睡眠这样的用功程度，来让你们看见他的努力。他担心的其实是无法获得父母的爱。”

家长点头如捣蒜地说：“这下我想起来了，他似乎真的很没有安全感，从小就常问我们是否爱他。”

“那么，你们怎么回答呢？”

“我说，只要你乖乖的，把功课顾好，爸妈一定会爱你的。”

学习策略的使用缺陷

当学校的学习内容加深加广时，孩子理应采行新的学习策略来因应，然而不少孩子并没有展现新的学习行为；或者在采行新的学习策略一阵子后便放弃了，退回使用原来的学习策略。这种现象称为“学习策略的使用缺陷”（utilization deficiency），通常发生在学习阶段转换时的孩子身上，主要的原因可能有二：

（一）孩子根本不知道有哪些新的学习策略可以使用。

当从小学升上初中、初中升上高中时，在课堂上，老师几乎很少在传授学习知识以外，同时指导该科有效的读书方法。于是孩子们必须自行摸索，当摸索不出个所以然时，自然继续沿用旧有却效果有限的学习策略。

（二）采行新策略占用过多的心智资源，而且短时间内看不到效果。

另一个原因是，孩子知道该采用新的学习策略，也知道有哪些新的学习策略可供选择使用。但是新策略的采行多半过于耗神费力，占用太多的心智资源；而且刚开始尝试时，一时间看不到效果，孩子便很快认定新的方法无效，走回原来的老路，继续用过时但曾为自己带来帮助的学习策略。

无效的方式常带来无可取代的好处

另外还有些孩子，即使在老师的鼓励和协助下，尝试新的学习策略，但仍然不愿意调整自己的学习行为，坚持使用原本的无效方法。花了大量的时间和精神在上面，成了拼命三郎却仍事倍功半。

爱因斯坦曾说："疯狂的定义就是，用相同的方式，做相同的行为，却期待不同的结果出现。"

问题是，人们为什么总要坚持使用无效的方式，带来无效的结果，期待落空后又让自己陷入痛苦之中？显然，这无效的方式可以为人们带来无可取代的好处；换句话说，无效的方式是有功能的，这功能的重要性大过获得期待中的结果。

于是，人们宁可无意识地牺牲期待中的结果，也要坚持通过无效的方式获得无可取代的功能，这在孩子学习策略的使用上也时常出现。通过坚持使用无效的学习策略，为自己带来无可取代的好处，这好处对个人而言的重要性，远大于成绩的改善。

究竟孩子心里头有什么天大的事，需要通过坚持无效的学习方式才能维持或获得呢？——若是对父母的爱常感到匮乏，就可能如此。

讨爱不成反讨厌

我曾见过许多孩子，因为过去在学习上的挫败，就在内心形成"我不可能把书读好"这样限制自我的信念。当孩子相信自己在学习上注定失败，当然觉得无论采用什么学习策略都是无效的。

然而，孩子不仅不想让父母失望，反而更希望能继续得到父母的支持和肯定。于是会在采用原本无效的学习策略的同时，变本加厉地花费更多精力投入学习。这样的孩子就是在传递一个讯息："虽然我的成绩表现不好，但是我已经尽力了，请你们不要因此不爱我。"

前面案例提到的孩子有着注意力的问题，成绩自然不会太好，尤其在学习表现不如预期、挫败连连时，就会担心父母会因此不爱自己，这是一种内在对爱的匮乏感。

这是个讨爱的孩子，当孩子连爱都讨不到时，就会从讨爱的孩子变成讨厌的孩子，开始做出各种偏差行为，来获得父母老师的关注。

别让孩子误以为
只有成绩好才值得被爱

然而，许多家长常常从小告诉孩子："只要你乖乖的，成绩好，爸爸妈妈就会爱你。"事实上，这是一句危险的话，因为如此会让孩子以为，只有成绩好才值得被爱，于是，爱就有了条件。

孩子感受到"只有成绩好，才能获得父母的爱"时，会拼命在学习上求表现。若是在一番耕耘后成效不大，便会退而求其次，通过拼命让父母看见自己的辛苦，来确保父母的爱。

此时孩子正在告诉父母："我已经尽力了，当我的成绩不理想时，请不要责怪我，请不要不爱我。"

父母对孩子的爱当然是无条件的。然而一句习惯性的话，却让孩子带着不安成长。因此父母一定要记得，得让孩子感受到你对他的爱是无条件的。请时常带着温柔而坚定的语气，告诉孩子：

"从你成为爸妈孩子的那一刻起，爸妈就是全力爱着你的！这无关你的表现，爸妈对你的爱都不会有丝毫减少。"

当孩子不再需要讨爱，就会对自己原本坚持的无效行为做出调整与改变。

07 说不出口的困境?
——当孩子出现问题行为时

"老师,我不喜欢命令别人做事……"他低着头,小声地说。

孩子是由导师转介过来的。刚开学时,他被选为班上的劳动委员,却没有确实分派或监督同学进行打扫工作,以致班上的整洁成绩名列全年级倒数,同学们怨声载道。

导师问他为什么没负起责任,他告诉导师,他不知道劳动委员需要做这些事。导师觉得很夸张,转介时特别叮咛我:"这孩子很狡猾,会说谎逃避事情,你别被他要了!"我说:"让我跟他聊聊吧。"

孩子说话的速度很慢,声音很小,也很少看着我。但仍然缓缓地对我说:"不知道为什么,我就是无法指派同学做事情。每次一想到这个都会觉得压力很大很想逃避。"

"所以你才对导师说,你不知道自己需要做这些事?"我接着问。他回答:"嗯!我不是故意要骗导师的。"

"事实上,任何需要接触人群的时候,我都会十分焦虑。"他补充说道。

"真的吗?"我惊讶地问。"对啊!快要运动会了,放学后班上同学都要留下来练习竞赛项目,我很不想参加。"我想起,每当接近运动会时,放学后的校园仍然很热闹,孩子们总是卖力地抓紧时间做最后准备。

他在班上总是独来独往,没必要时,不会主动和人接触。我警觉地问:"那么,现在你在这里和老师讲话,会感到焦虑吗?"他说:"会!一开始很紧张,现在好一点了。"

我才猛然想起,孩子走路时总是拖着脚步,低着头,避免与人视线交会,也害怕成为他人目光的焦点;说话时也语句精简,声音微弱,看似有话想说却像卡在喉咙里说不出来。如果带他就医,恐怕会被精神科医师诊断为"社交焦虑症"(Social Anxiety Disorder)吧。

这样的孩子一定很辛苦!每天来学校都得面对人群,不是同学就是老师,下课、午休,或遇到需要团体互动、分组讨论的课程,焦虑指数立刻飙升。只有回家才能真正放松下来。

我更可以想见,担任需要主动指派工作给同学的班级干部,根本是要他的命!也因此能理解,为什么他会对导师说出"不知道要做这些事",因为真正的困难,是说不出来的啊。

吃力不讨好的领导者角色

我想起从小学到大学，因为成绩和人缘不错，多次被选为班长，老师和同学都说我很有领导能力。实际上，我恨透了这个职务。

一直到现在，我仍然排斥担任领导者的角色。我可以在上司的指派下把工作妥当完成，但若是要我分派任务或指使他人做事，我却唯恐避之不及。

我常说自己患有"权威恐惧症"。其实我自己也纳闷，有"权威恐惧症"就算了，还不愿意成为权威，这或许和学生时代的一些不愉快经验有关吧。

记得小学时期担任过班长，常得在老师不在时维持班级秩序。而班上乱哄哄的，我怎么也无法让大家安静下来。等到老师进教室后发现全班吵成一团，就连我也一起处罚了。

后来，我学会板起脸孔，把吵闹的同学一一登记下来，把名单交给老师，总算让同学乖乖不敢造次。可是，我却开始被同学排挤了。只是小学生的我，夹在老师与同学中间，既委屈又无力。我开始痛恨起这个班级干部的身份。

上初中之后，我又当了班长。常要催收同学的作业或资料，有些同学就爱拖拖拉拉，三催四请也不交，过了很久还是收不齐。我好几次被老师不明就里地痛骂："拖这么久还收不齐，你到底有没有尽责啊！"

我很早就知道，如果老师不挺你，担任班级干部就是个吃力不讨好的角色。我曾经鼓起勇气，主动向初中时的导师请辞班长的职务，却被导师痛骂一顿：

"你说不想当就可以拍拍屁股走人吗？那么，我也不想当老师，我可以说辞职就辞职咯！"导师说得义正词严，当下我巴不得他立刻辞职，但只能放在心里想。

问题行为的背后，藏着良善的目的

我们总是鼓励孩子担任班级干部，为班级服务，美其名曰是一种磨炼，实际上最大的受惠者总是老师。吊诡的是，班级干部帮老师分担了许多班级经营的工作，然而，有多少老师教导过孩子如何担任班级干部？如何因应担任干部的压力与困难？或者当孩子在服务过程中受到委屈时，愿意给予他们支持？

或许是这些创伤记忆，让我害怕接触任何需要命令他人或指派任务的角色。我深恐会有坏事发生，也总觉得自己没有能力扮演好这样的角色。

所以，我能理解这孩子的痛苦。事实上，不是他不愿意负起责任，实在是有难以克服的困难。**孩子对于命令他人做事的恐惧程度之大，大到他必须对导师撒谎来逃避，这是一种自我保护的**

机制——尽管在一般人眼中是欺骗或不负责任的行为。

我相信，所有的行为背后都有正向意图，即使是看似不被主流价值接受的行为，背后也有着不得已的原因。可能是想保护自己，或者觉得是当下所能做的唯一选择。

你是否听见了孩子的求救声？

从事心理助人服务期间，我遇到过许多被扣上行为偏差，例如消极懒散、态度不佳或不负责任等形容词的孩子。在深入理解后就会知道，这些"偏差行为"背后都有其功能：有时是孩子为了引起注意（负向关注），有时则是在自我保护，或展示自我价值。

而更多时候，偏差行为只是孩子遇到难以招架的困难时的表象信号——他们缺乏因应某些情况的能力，或者面对某些事时束手无策。如果我们再仔细观察就可以发现，这是孩子释放出的求救讯息，希望大人能理解并伸出援手。

家族治疗大师维琴尼亚·萨提亚说："问题不是问题，如何因应才是问题。"那些不被大人接受的偏差行为，或许正是孩子用来因应当前困境的方式，也是他们在当下所能想到或能力所及的唯一选择。

因此，面对行为出现偏差或看似不负责任的孩子时，我们先别太快做出评断，而是该试着相信，偏差行为的背后，可能有着孩子说不出口的困难。

无论如何，请让孩子们知道：

我相信没有人愿意故意做出不被接受的行为，当你这么做时，或许有你不得已之处。如果你愿意的话，请让我知道你的困难，我们一起想办法面对并解决问题。

当大人愿意放下评价，试着用心理解时，孩子的心门便敞开了。

08 你是回到"孩子状态"的大人吗

有个学生入学没几个月就常常请病假,在家休息的时间比上学的天数还多。但其实她的身体状况没什么大问题,我与她深谈之后,她告诉我:"实在念不下去了,很想办休学。"

"我知道我妈一定不会同意,但我又不想来学校,只好一直请假。我也不清楚自己到底有没有生病,反正有时候也真的不太舒服。"

我请她的母亲来学校谈谈。她母亲告诉我,孩子从小乖巧懂事、自动自发。因为是单亲家庭,母亲摆小吃摊做生意,十分忙碌;孩子放学后就在小吃摊写作业、念书,顺便帮母亲,从来没有一天让母亲操过心。

"我们母女俩相依为命,感情很好,晚上也都睡在一起。"母亲对我说。我一听不对劲,照理说,高中生早就该自己睡觉了。

"几年前,她父亲因为对我长期施暴,闹上法院,判准离婚。从那之后,每到晚上我一个人睡都感到恐惧,她陪我,我才觉得比较有安全感。"

原来如此，孩子竟成了母亲的情绪伴侣了。

于是，孩子虽然在学习上感到志趣不合，念不下去，却不敢对母亲开口要求办休学，准备重考。口头上虽说"母亲不会答应"，内心深处却是担心，做出这样的请求，就不再是母亲眼中的乖孩子，就在不自觉中，让身体的病痛来表达自己不想上学的意图。

因为在孩子心中，只有保持乖孩子的形象，才是照顾母亲需求、满足母亲期待，以及和母亲持续保持情感联结的最好方式。

孩子状态的父母造就自我牺牲的孩子

孩子基于对父母的爱，总是能敏锐地察觉父母的心情，同时满足父母的需求。有时候，孩子是通过乖巧、顺从、懂事，回头照顾父母内心的缺憾。与此同时，孩子也不断地牺牲自己的需求，特别是对未来发展的决定权。

很多时候，当父母本身没有足够的成长，或因为某些压力而退化成"孩子状态"时，孩子就可能回过头来成为父母的照顾者。而当孩子逐渐长大，有了与父母不同的主张，却得不到父母的支持时，只能下意识地牺牲自我主张，以压抑内心深处可能背叛父母的罪恶感。

当孩子内心强烈渴求独立自主，又必须继续照顾父母的需求时，为了平衡两者，会发展出许多令人费解的莫名症状，或自我破坏的行为模式，正如前述的案例一样。

所以该正视的，是身为大人的我们，是否无意间让自己处在了孩子的状态中，让真正该被关爱的孩子，反而得回过头来，照顾我们这些貌似成熟、实际上内心匮乏的大人。

看似贴心懂事的孩子，其实是……

当父母的，都希望孩子像天使般贴心，能敏锐地觉察大人的心思。乖巧、听话的同时，也表现出父母心目中理想的样貌；对于父母的安排，能欣然地接受，同时体会父母的好意。

如果孩子从小到大，总是顺从父母的要求，就算有自己的想法，但在面临自己做决定时，也常放弃坚持，听从父母的安排。我们反倒要担心，看似贴心懂事的孩子，其实是在回头照顾父母的需求。

我时常看到一些孩子，小时候贴心顺从，长大之后不知道怎么变了调。他们并不是叛逆，也不是和父母起冲突，还是乖乖地接受父母的安排，然而，可以隐隐约约地感觉到，孩子与父母之间存在着对抗、角力与拉扯。

这种隐性的对抗并不明显，但父母与孩子的内心都不好受。

事实上，孩子虽用"顺从"与"不想违逆父母"的方式来表达对父母的爱，另一方面却想做真正的自己。

从照顾父母，变成一味在关系中讨好

习惯回头照顾父母的孩子，长大后往往会成为一位能敏锐察觉他人感受、富有同理心、懂得主动照顾他人需求的大人。

他们常不自觉地把他人的需求放在自己的需求前面，当两相冲突时，总是选择牺牲自己来优先照顾他人。就像从小与父母之间的互动一样，其实真正担心的是不被认同，或不被爱。

在任何人际关系中，为了与他人持续保有情感联结，他们也会不自觉地通过照顾他人的需要，来取悦与讨好，以获得好评，甚至拥有归属感。当进入爱情或婚姻关系中时，也容易成为讨好另一半或过度承担他人责任的伴侣，为亲密关系埋下不安定的种子。

然而，任何人都无法通过一味讨好，来获得本身就缺乏的爱与认同感。这份来自幼年时期的匮乏感与未被满足的需求，将在为人父母后，无意识地投射到对孩子的期待上，要求孩子回头照顾自己的需要，并在无意间复制了自己父母的模样。

让孩子充满罪恶感的情绪勒索

"我的孩子今年就要从高中毕业了，未来想念 A 专业，但我希望他念 B 专业。本来两方相持不下，最后他还是听我的话，勉为其难地选了 B 专业。但是每次见到他失望的眼神，我就忍不住自我怀疑，我这样要求他，真的对吗？"

一个家长在我演讲后，前来问我问题。我反问他如此要求孩子的原因。他说："兴趣毕竟不能当饭吃，我担心他将来没前途，所以说服他读 B 专业比较稳当。"

在孩子的人生选择上，亲子间总是上演着类似的戏码。孩子很挣扎，放弃自己的理想抱负；而父母见到孩子的难过与失望，也是心疼不已。

只是，父母常以"一切都是为了你好"的名义，来代替孩子做决定。尽管看到孩子的痛苦，即便知道父母不该过度干涉孩子的未来发展，但只要想着这是"为了孩子好"，父母心中的天人交战，仿佛就交代得过去。

我常在会谈或演讲、授课的各种场合，听到年轻朋友的抱怨：

"我只是要转换个跑道，爸妈就担心得要命。一天到晚要我三思而后行。他们担心的，难道我就没想过吗？"

有的说："我爸妈说，他们很为难。一想到我要转换跑道，就吃不下、睡不着。我说，这是我的人生，我自己负责，请他们不要担心。他们就说：'天下父母心，哪有不担心的？'但是，看到他们担心成这样，我很怀疑自己是否还要坚持下去。"

这就是一种情绪勒索，让孩子的内心充斥罪恶感，使其不得不放弃自己的坚持。此刻，父母变成了孩子状态（吃不下、睡不着，需要有人安抚照顾），反过来要孩子回头照顾他们的烦恼、恐惧与焦虑。

支持孩子走自己的路

真正"为孩子好"，不是为孩子担心、烦恼，而是让孩子回到孩子的角色，放手追求、创造属于自己的人生。

请相信，孩子自出生起，便已具备让自己过得成功、快乐的能力了。父母的任务只是催化孩子将这些能力充分地展现出来，而非左右孩子如何使用这些能力。

父母对孩子的爱，若是带有过多的焦虑、恐惧或担心，往往来自于成长过程中的创伤经验，或者未被满足的需求，以及一些未能完成的缺憾。这些问题该由大人自己去处理，而非投射到孩子身上，让孩子承担，甚至无意间成了父母的照顾者，而无法将自己的人生活得更好。

如果孩子在成长的路上，一直回头看父母，如何将心力聚焦在眼前的挑战上，又如何全力以赴地追求成就呢？

父母唯有安顿好自己的内心，才能拥有足够坚实的力量，支持孩子的成长。请用成人的心态，照顾好自己吧！如此，孩子便能毫无阻碍地充分发展人生，长成自己真正的模样。

Part II

坏掉的大人与
令人窒息的爱

大人背负着身上既有的痛苦，
又得同时面对教育孩子的压力。
也因此，孩子常沦为大人暂时解决心理困境的工具。
此时，孩子的成长过程，就在无意间被父母给牺牲了。
这些孩子成了解决家庭问题、维持家庭运作功能的牺牲者。

09 你的一句话，伤了孩子一生

这天是学校运动会，有个孩子，代表班上参加各项比赛，刚在 400 米决赛中奋力冲刺，勇夺第一。在全场沸腾的欢呼喝彩下，站上颁奖台，从校长手中领到了一面闪亮亮的金牌。

胸前挂着金牌的他，还喘着气，脸上难掩兴奋与自豪。

走回班级休息区的路上，擦身而过的是他的班导师。导师微笑地看着他，没多说什么，只在他耳边留下一句话：

"不错嘛……唉，只可惜，在学习上你总是不争气……"

孩子脸上的光彩瞬间消失，取而代之的是沮丧愤怒的神情，盯着导师那带着讽刺的笑容。

导师睁大眼说："看什么？我说错了吗？"

这个正值高中的大孩子，学习上总是在班上垫底，没有一科的成绩可以见人。同学戏称，有他在，没有人需要担心自己会是最后一名。唯独，他人高马大，身材壮硕，跑得快，跳得远。

一年一度的运动会，是他得以大显身手的时候。一年三百六十五天，他就期待这一天。因为，每天，每堂课，成绩总是被同学打趴到抬不起头的他,唯独在田径场上,可以打趴别人,获得所有人的掌声。

他只是想被看见,也想感受万众瞩目、叱咤风云的感觉。

然而,他脖子上挂着的金牌,却没办法证明什么;特别是,在老师眼中,他仍然是个 loser。

常常,有好多这样的孩子,被大人的一句话,击垮了,心里受伤了。

没有一个孩子天生想当差生,每个孩子都期待自己的表现能被大家看到。因为,每个人都希望拥有美好的明天,都希望明天的自己比今天活得更成功一些。

无奈,在这个阶段,学习对他们而言就是很困难。一个概念没搞懂,卡住了,而新的知识接踵而来,他们跟不上。于是,学习越来越落后,成了班上的"啦啦队"。上课时,他们感觉像在听外星人说话,痛苦万分,最终负荷不了,也无从改善,索性放弃学习。

这些孩子，时常在成绩单上看到垫底的自己，再怎么沮丧，久了也就麻木了。然而，在他们心中，都有个小小的心愿："或许，我可以在其他地方，让别人看到我。让他们知道，其实我也很不简单。"

是的，每个孩子都想要被看见。

如果在学校生活中，有着一件值得期待的事情，孩子可能就会为了这件事，愿意每天来学校，特别是那些能被人刮目相看的时刻——即使大部分的时间毫不起眼。

然而，大人的一句话，或许无心，或许有意，都可能击垮一个孩子的自信心。

如果，我们心胸狭小得连一点舞台都不愿意给孩子，连一点赞美都不愿意开口，而总让孩子觉得"无论我如何努力，都不可能被肯定"。那么，他们真的会就此彻底放弃自己的人生。

大人对"成绩至上"的矛盾心理

大人很奇怪，嘴上常说"学习不是最重要的"，却总是戴着有色的眼镜——用"学习成绩"做成的镜片，不自觉地以成绩来评判孩子的价值。成绩优异的，放心地点点头；成绩落后的，无奈地摇摇头；而对那些看似放弃学习的，更是心灰意冷地皱眉头。

一直到现在，许多孩子还会因为成绩不佳，在班上受到老师的差别待遇。例如成绩拖后腿的同学必须负责没人想做的扫地工作，成绩较好的同学可以先挑选班上的座位等。

而最伤人的，其实是老师在公开场合批评孩子的学习成绩，并把成绩好坏联结到孩子人格优劣，甚至人生发展成败与否。

"老师叫你都不回应，功课已经这么差了，连一点礼貌都不懂，以后还能有什么指望？""交代你的事做不好，每次都要帮你善后。也不想想你的成绩这么差，都不知道你的前途在哪里"……诸如此类然而，学习成绩好坏与人生成败并非同一件事，也不能混为一谈。

事实上，大人们的内心也很矛盾。他们确实知道学习成绩并非人生的全部，但站在孩子面前，却又不由自主地把分数摆在首位，用"成绩至上"的价值观看待孩子的人生成就。

"我也不知道为什么会这样，看到学生功课不好，态度又散漫，我就一肚子火！"曾有老师这么对我说。

"我也觉得难以理解自己，明知道要对孩子多赞美、多鼓励，别太在意学习成绩。但每次看到孩子拿回来的成绩单，我就焦虑起来，跟着就开始碎碎念了……"曾有家长这样告诉我。

许多大人的内心世界，似乎内建着无法忍受孩子成绩不佳的自动化模式。细究原因，**我们的文化氛围就是如此，长久以来的**

主流价值观总是称颂那些会读书的人。而大人们也是在如此对待下长大。若幸运，在学习上成为人生胜利组，就会再用这样的标准来评价孩子的人生。

让孩子的努力被看见

我们可能不知道，一句脱口而出的话语，或脸上一闪而过的神情，会对孩子造成多大的伤害。特别是那些低自尊、低成就，且十分渴望获得认同的孩子。

我们以为，这些孩子已经放弃了自己的人生与前途，只因为他们对学习束手无策，看起来也毫不在意。但我们不知道的是，孩子可能正努力找寻另一个让自己获得掌声的舞台—可能是他们生命热情的来源。人只要对生命怀抱热情，就能拥有继续向前的力量。

一个人在学生阶段没有特别出色的学习表现，不代表一辈子都无法学好。只要对人生仍抱有热情，无论在生活的哪一个方面，都可以凭着一股热情，去接触更深广的知识、学问与技能。

或许在运动场上拿个金牌，也无法进军奥运，但是，对运动保持热忱的孩子，很难说，未来可能是个优秀的运动研究员，或者运动事业经营人才。他会为他喜欢的事投入学习，此时，我们还能评价他是个"不会读书"的人吗？

让孩子的努力被看见，让孩子生活得充满自信，他才会对未来的人生抱持期待，也会带着这样的期待而充满力量地前行。

让孩子对生命抱持热情

有个朋友在烘焙事业上做得有声有色，订单总是接不完。忙碌之余还得抽空去听讲习课程，花钱学习新技术。他告诉我，小时候，他在课堂上总是很挫败，后来就从初中一路睡到高职毕业。

他说，学生时代，老师只教知识，不教读书方法，他不得要领，考不好，当然兴味索然。后来初中导师特别安排他去技艺班，学习烘焙，改变了他的一生。

每次做了蛋糕面包带回班上，同学抢着吃，让他有面子极了。导师更是对他赞不绝口，说他的商品未来肯定会大卖；即使他知道，导师的称赞太夸张，毕竟当时他的作品还上不了台面。

现在，他在课堂上总是十分专注，笔记抄得整整齐齐，还研读许多参考书籍，连外文书都有。许多学校、机构部邀他去授课，有谁还会说他是个不会读书的孩子呢？

朋友在学生时代学习成绩总是敬陪末座，却在十几年后，像个海绵般不断吸取新知、积极向学，仿佛换了个人似的。为什么？最关键的是，来自于他对生命始终抱持着热情。因为，在他的世界里，有着让他能够大展长才、尽情挥洒的舞台；同时，通过全心投入而获得掌声、受到肯定。这番成就驱使着他付出更多，自然愿意克服学习上的任何困难。

永远记得，孩子和我们一样，都想被别人看见。

有智慧的大人总能为孩子创造舞台，让孩子在擅长的领域被他人看见，获得自信与继续向前的力量。然而，目光如豆的大人，却可能用一句话击垮孩子对生命的热情。

10 孩子的未来，你决定？

每年的四月到六月，总要和无数的高三孩子讨论其人生方向。几年下来一再重复的会谈历程，也累积了不少经验。

在这个时间点，孩子都相当彷徨。

几周前，还在为大考奋战。在这之前，很少（或从没）想过自己的未来在哪里、大学要读什么专业，突然间，碰上了这个人生大问题，能不慌了手脚吗？

于是，前来向辅导教师"求解"的人，真的不在少数。

可是，他们要的常是一个标准答案，不外乎：

"我适合念哪个专业？"

"依我的分数，念什么专业最好？"

"哪个专业未来最有前途？"

"甲校系和乙校系哪个比较好？"

每个都是问题，回答起来也很费时。但孩子就是要你直接给一个答案，让他们心里有个依归，就像在大海中找浮木，抓着走就对了。

来找我之前，孩子们通常已咨询过其他老师。我在引导孩子思考问题时，他们总会告诉我其他老师的观点或建议，有些听了不免令人心惊胆跳。例如：

"去读某专业就对了，未来比较有可能考上公务员！"

"本校学生去参加这所大学的面试常铩羽而归，还是不要选这所吧！"

"现在这个专业的前景最好，读这个最吃香！"

"这所大学以前是某领域起家的，和你的专长不合！"

"某地区的大学都不好，别考虑那里！"

"不要念那种没有听过名字的专业，很危险！"

令人捏把冷汗的热心建议

面对孩子的问题，直接给出答案，是最简单的；而孩子要的，也是一个直接的答案。然而这么做，对于孩子内心的困惑，特别是关于人生决定，不一定有帮助，甚至还可能出现副作用。

首先，孩子可能因此养成依赖的心理。面对这样的人生大问题，总是采取从大人身上得到标准答案的被动态度，而不愿自己搜集各种讯息综合判断、获得答案；另一个可能的风险是，这些直截了当的建议本身，往往必须打上问号。

这些建议，都来自孩子身旁的热心长辈。但是在这些建议背后，常常是偏颇、过时、刻板的印象，甚至逻辑不通的资讯。

让孩子为自己负责

辅导与咨询的长年训练，让我学会在面对个案的问题时，特别是人生重大议题的抉择时，尽可能保持价值中立。然而，**价值中立是不存在的，因为"价值中立"本身也是一种价值。**

既然无法完全做到价值中立，就要做到给予个案选择各种价值判断的机会，并予以尊重。基于个案的福祉，这是最高指导原则。

于是，面对孩子的人生议题，即使我们对于某些大学院系或工作领域有所好恶，仍需尽可能保留更多空间给孩子自己思考、探索。

首先，尽可能提供给孩子客观、正确与最新的资讯。当涉及价值判断时，例如分析大学院系或职业的好坏、高下、优劣、前景时，也要提供多元的资料来源与观点，避免偏颇。

其次，时时反思自己的观点是否带有过去的刻板印象，避免不自觉间误导孩子的判断。

更重要的是，与其直接提供孩子资讯，不如指导孩子自己搜集、判断与组织资讯，这才是孩子需要的能力，也是一种机会教育。

　　最后，告诉孩子：“大人提供你的资讯或思考方向，都只是参考。最终，你要为自己做出决定，也要为自己的决定负起责任。”

“最佳的人生选择”也许并不存在

　　我时常强调“人生不确定”这个观念，即现代人的人生发展已非线性——努力读书进入顶尖大学热门专业，完成学业进入一流企业，从基层做起一路往上爬，直到届龄退休。

　　这样的时代已经过去了！

　　现今的产业脉动变化迅速，十年河东、十年河西，风水轮流转，谁也无法预料当孩子大学毕业后，那时社会的显学是什么；而个人的内在特质、专长、兴趣与价值观，也都会随着生活经验的拓展而不断改变。简而言之，人生和职业都是“无常”两字。

　　于是，“最佳的人生选择”已经没有唯一的答案，而充满了各种可能性；人生中多次转换跑道也再正常不过了。

　　既然如此，身为老师的我们，又凭什么为孩子的人生决定，给出斩钉截铁的建议呢？

　　或许是长期以来教育现场中“喂食文化”的遗毒，教师通过不断喂食各种资讯（即教科书中的内容），让孩子学习与成长。这种方式看起来最有效率，却也简化了孩子对于零碎资讯的思考——无法组织资讯而形成知识，无法组织知识而形成学问。

当孩子习惯了这样的模式之后，面对没有标准答案的人生问题时，就习惯向大人讨食；而做大人的，也难以克制喂食的惯性，常在不自觉间给出了不知道是否可靠的建议。

是"引导"还是"控制"孩子？

有人会说，孩子哪里懂那么多？当然需要大人引导，才有方向。我绝对同意这个说法。然而要区分清楚的是，在我们给建议时，究竟是在"引导"，还是"控制"孩子的决策？

"控制"与"引导"的差别在于，控制是只给对方一个选择，并且要他相信这是最好的决定；引导则是永远给对方更多选择，并且尊重与相信对方会为自己做出最好的决定。

当我们用"豪迈"的口气，对着尚未对此议题拥有深度思考的孩子说"念那个没用，念这个比较好，听我的就对了"类似这样的话语，就是一种"控制"。相较之下，大人确实拥有比孩子更多的人生经验，但并不代表大人的看法就绝对客观与切合时宜。

谁来承担决定的后果？

我们随口给出一个建议，却可能是影响孩子未来的关键因素。问题是，由谁来承担决定的后果？显而易见的，不是大人，是孩子自己。

因此，我们凭什么能不以战战兢兢的态度与孩子讨论人生规划？凭什么在没有深思熟虑并充分自觉的情况下，就给出建议，试图左右孩子的人生？

更重要的是，我们也因此剥夺了孩子为自己做决定的机会与权利。未来，当他面对下一个人生重大议题，同样也没有标准答案时，也会习惯性地向身旁的人寻求答案，由别人提供建议来为自己做决定，而忽略了对问题本身进行深入探究。于是，他永远活在别人的答案中。

当孩子面临为自己做出人生重大决定的时刻时，就让他们练习自己做决定吧！与此同时，他也将为自己的决定负起百分之百的责任，这是孩子迈向成熟的必经之路。

> 孩子在面对人生重大抉择的关卡时，常是彷徨无措的。人们在极度脆弱时，就像在水中载浮载沉，有人伸手就抓，见浮木就抱，于是任何可能的建议（即使是偏颇的），也将就此进入孩子心底，成为他做出人生决定的唯一依据。

11 别让孩子复制你的委屈

五月，原本是温馨的季节。孩子告诉我，说他恨透了在母亲节前，学校老师总要学生回家向母亲表达爱与感谢，还把这个活动当成一项作业。

我很不解，问他："为什么对这个活动如此反感呢？"

孩子说："你不觉得很假吗？而且，说完'妈妈，我爱你'之后，妈妈也没有比较开心啊！"

真的是这样吗？原来在初中时，有一次母亲节，孩子带着忐忑不安的心情，以及别扭的语气，鼓起勇气对着在厨房里忙碌的母亲说："妈妈，我爱你，母亲节快乐！"母亲听了之后，突然放下手中的碗盘，转过头来提高音调说：

"喔！你也知道要爱我了吗？怎么？吃错药啦？还是学校规定的作业？"母亲接着板起脸孔，正经八百地说，"你也不想想看，自己的成绩这么差，又常在学校惹是生非，我每天光接学校老师的电话就饱了。你知道要养你有多辛苦吗？也不体会一下我的心情。你如果真的爱妈妈，就乖一点，读书认真一点啦！"接着又噼里啪啦地念了一堆。

"我再也不要说这种恶心又没意义的话了！"孩子忿忿地说。

原来如此，那是一段令人沮丧的对话。但如果母亲当时如此回应："孩子，谢谢你！这让妈妈感到好开心，辛苦都是值得的。"或许孩子现在会有截然不同的想法。

那些无人知晓的辛酸

我试着体会孩子母亲的心情，是什么让她无法坦率接受孩子表达的感谢与爱意？或许不是不接受，而是她更急于表达自己此刻的心情。

表达什么呢？——长期以来，内心无人知晓的辛苦。

母爱是伟大的，永远愿意为孩子和家庭默默付出，再辛苦也会撑下来。然而，母亲也是人，也有感受。若长期的付出不见成效，更重要的是，过程中没人理解自己的辛酸，内心一定会累积庞大的委屈。

当孩子说出一句感谢的表达，母亲立即启动内在情绪的开关，原来无处安放的满腹委屈，一股脑儿地倾泻而出。难得孩子能体会妈妈的付出，不趁此时大吐苦水，更待何时？结果是，孩子觉得挫败，母亲仍然感到自己的辛苦不被理解。

　　母亲积压已久的情绪，来自于长期的付出被家中其他成员忽视。若孩子的成长表现不错，母亲可能至少会觉得付出还有回报；但苦就苦在那未能获得回报的付出，却又长期没有人看见。

家长们，你们是如何坚持下来的？

　　因为孩子，我曾和许多家长联系；与学校接洽的大多是母亲，当然也有不少父亲。若有时间，我会先听听家长的看法。很多时候，在讨论孩子的问题之外，许多母亲常在我面前抱怨自己在家中的辛酸和委屈。

　　记得和一位母亲在电话中讨论孩子在学校的问题时，母亲无奈地说："我觉得我该做的都做了，孩子还这样，我真的不知道该怎么办了。他爸爸都不管，把管教孩子的责任统统丢给我，他不知道我有多痛苦。老师，以后孩子的事，你去问他爸爸，我不想管了！"

　　于是我打电话给孩子的父亲，父亲接了电话，劈头就说："是老师啊！小孩有状况？你去跟他妈妈说啦！小孩的事归她管！"果然和母亲说的一样。

　　"我和妈妈联系过了，她希望我来找你讨论。"

　　"小孩都是她在管的，我怎么会知道？我整天工作忙都忙死了，实在很烦！"

"爸爸，冒昧请问你从事什么工作呢？"

"在工厂做工啊！"

"那真的很辛苦，工作时间也很长吧！你这么努力，就是希望让家人有更好的生活，没有后顾之忧。"

"对啊！我辛苦工作赚钱给他们用，所以小孩子教育的事，不要来烦我啦！"

"我一直听你说烦，是不是觉得，小孩子的事情你也帮不上忙，充满无力感？"

"唉！对啦……"这位父亲原本急促的语调，瞬间变得低沉和缓。我知道，那是被深度同理时会出现的反应。

"我了解了，我知道你有心想帮孩子，但不知道怎么帮，所以只能更认真地工作，用这种方式来表达对孩子的爱。谢谢你，如果孩子知道你的心意，一定会很感动的。"

挂上电话后，我再度拨电话给孩子的母亲。

"我和爸爸通过电话了。爸爸很关心孩子，但不知道怎么接近或协助孩子，所以只好一直努力赚钱。"

"都是他的话！每次都把教小孩的事情丢给我管，小孩出问题了，就骂我没把孩子带好。"

"听起来真的很委屈啊。如果只有你一个人带孩子，真的很辛苦。我很好奇，你是怎么撑过来的？"

母亲愣住了，似乎有点惊讶。

"我的意思是，即使很委屈、无奈、挫败又无力，但你依然没有放弃。也还好你一直坚持，孩子的状况才没有变得更糟。我很想知道，你是如何坚持下来的。"

代代传递的苦闷与委屈

孩子的问题行为常反映出家庭的困境。我知道，现阶段我无法介入改变这孩子家中的纷扰；我可以做的，是通过回应去表达，我已经看到家中的每一个人，都用自己的方式在为家庭付出。同时，我也要设法让他们看到，自己的付出是有意义的，这会让他们更有力量坚持下去，才能和学校老师持续合作、共商对策，打开帮助孩子的通道。

实际上，每个家庭都一样。家中的每个人，都用各自的方式努力维系与家人的情感，同时为家庭奉献。只是这些付出，往往没被其他人看见，有时被视为理所当然，有时甚至还被怪罪指责。

于是，每个家庭成员心中都累积了庞大的委屈，导致每一次的沟通、对话与回应，都在挫败与不欢而散中收场。

特别是，有些大人在成长过程中，不管怎么努力就是得不到正面评价，或是不断地被要求付出，却没有获得对等的回报。当扮演父母的角色时，仍然习惯通过辛苦付出来表达对家人的爱，与此同时，也不断地透露出自己的辛苦，也许是抱怨，也许是诉苦，借由不断提起自己的辛苦，试图换得孩子的同情、关注与情感上的安慰。

但大人没想到的是，大部分的孩子反而对这样的情感表达方式退避三舍，视为一种情绪压力。**父母本想将孩子拉近，却无意间把孩子推远了。**

当然也有些孩子，从小懂得体贴与回应父母的付出，通过倾听或扮演顺从的角色，来照顾父母的委屈与内心的匮乏。但是这样的孩子也将带着委屈的心情长大，因为，他们并没有被允许做自己，他们扮演的是父母期待下的孩子样貌，而非真正的自己。

于是，**孩子无意间复制了父母的行为与情绪模式，再带到新组成的家庭中。家人间的苦闷与委屈，一代又一代地传递下去。**

没有任何人的付出
应该被视为理所当然

人要的不多，只希望付出被看见而已。

或许，我们需要去练习，时时刻刻看见他人的努力，并且随时表达出来。一句"谢谢""辛苦了"或同理心，都很有力量。

在家庭互动中，没有任何人的付出应该被视为理所当然。每个人的努力都有价值，都需要被看见、被肯定。大人首先需要示范对家庭成员表达感谢与肯定，孩子才能学会体贴地观察他人的任何微小善意，并表达欣赏与感谢。

同时大人也要觉察到，自己是否带着长年未被看见的委屈来与孩子相处，以致不自觉中要孩子回头照顾自己的情绪，并向孩子释放出一种"你欠我很多"的讯息。

你知道，孩子并没有欠你什么。孩子需要的是被教导如何感恩，而不需要为你内在的委屈负责。

大人，我们长大了，唯有自己，才能给予自己足够的肯定。请你见证自己的付出、欣赏，并赞美自己的努力，而不再试图向孩子索讨那些你曾失落的情感与关注。

 大人，你们辛苦了！请相信自己的付出是有意义的，而且孩子看得见。

12 现在的孩子很有问题？

会议室里，众人正针对一个议题争论不休，各方代表你来我往、唇枪舌战。

这是学校里的一场民主盛会。为了一个关乎师生作息的政策，全校教师、家长代表，以及每班一位学生代表，齐聚一堂。即使动用了校内最大的空间，现场仍被挤得水泄不通。

一个多小时过去，众人仍各执一词，难有共识，但在场发言的总以教师和家长代表居多。

主持人再次鼓励学生代表发言。过了一会儿，一名学生举起了手，接过麦克风，以颤抖却坚定的语调，缓缓说出心中的看法。语气虽然过于激动，但感觉得出来他已用尽了全身的力气。

也许这是他第一次在这么盛大的场合发言，而他的言论，又是如此至关重大。

几分钟过后，一位家长代表争取到发言机会，语气严厉、毫不客气地对着前来开会的学生说："告诉你们，让你们来开会，算是尊重你们。要不是教育部规定这么做，在过去，哪里轮得到你们说话？老师决定就算了！"现场出现一阵骚动。

同样出席了会议的我，压抑着心中的激动，很想说些什么，但始终没有足够的勇气。我想说的是：

"孩子，你很勇敢！在我十六七岁的时候，面对这么多老师，是讲不出话来的。即使是现在，要我在会议中当众发言，也会紧张很久。

"孩子，尽管你的语气有点激动，大人们听起来可能不太舒服，但我能感觉到你有着更多的紧张与恐惧。你抑制着全身颤抖，试图压下内心的愤怒，用力挤出这些字句。语毕，你涨红了脸。这是你公民参与的初体验，能做到这样，已经很不容易了。"

其实，我更想对那些大人说：

"大人，你在孩子面前做了最坏的示范。你们活生生地剥夺了孩子学习参与公共议题的机会，你们没有示范该有的公民素养。

"大人，原来在你们的眼中，对孩子的尊重，是来自大人世界的'恩赐'；原来，孩子因为年纪小，是没有资格受到尊重的；原来，是因为大人的'恩赐'，今天孩子才有机会坐在这里。你们邀请孩子们参与讨论，却又暗示他们不够资格参与，还得感谢大人。这不是虚伪，什么是虚伪？

"大人，原来你们还活在过去，活在孩子没有声音的年代。过去，女性没有投票权，黑人与白人不能一起上学。那些现在被视为理所当然的事，在过去都曾被禁止与责难，你们是否还活在过去呢？

"大人，你们的高尚和丑陋，孩子们都看在眼里，一点一滴地内化进心底。当孩子得不到尊重，自然也不懂得尊重别人。未来他们可能对公共事务不感兴趣，抑或像很多蛮横的大人一样，自以为是地否定他人的资格与价值。"

很多孩子需要被教育，但或许更多大人需要被点醒。

现在的孩子怎么了？

我常听到上一代批判或抱怨下一代。

一位初中老师向我抱怨，现在的教育氛围总是要老师包容、尊重与同理孩子，而不是要求孩子自己学着成熟与独立。

他忿忿不平地说："以前我们念书时，接受的都是高压式教育，不也好好的？为什么现在的孩子问题这么多，老师碰不得也骂不得，只能一再让步？"

　　我也时常被老师或家长问到，为什么现在孩子的情绪或行为困扰问题特别多，过去都不会这样？

　　比起过去，现在的孩子比较有问题吗？

问题一直都在，只是被隐藏起来了

　　过去的孩子（也就是这一代的大人）不是没困扰、没状况，而是没被辨识出来，或不被当一回事。可能有以下几个理由：

　　（一）过去的心理卫生知识不像现在正确普及，孩子个人的情绪或行为问题，或是在学校中适应欠佳的状况，常被视为"不乖""怪异"与"叛逆"，往往是被处罚，而不是被协助。

　　（二）过去许多有行为、情绪或精神困扰的孩子，常因为学习跟不上而被留级或退学，最后在教育体系中消失。现在的教育强调人权与零拒绝，孩子的问题很容易一再地在校园中被看见。

　　（三）在学校，孩子若有心理困扰，很少会让人知道，就算接受辅导协助，也会尽量隐瞒，怕在同侪前丢脸，这在过去和现在都一样（尽管现在可能好一点）。因此，许多人在学生时代会"误认为"同学们都过得健康快乐。

　　（四）过去的升学通道狭窄，在当年连初中都要考试入学的时代，身心异常强壮者自然才能熬得过考试压力，杀出重围成为人生赢家。能当老师的人，求学路上自然顺利许多，同侪也多半优秀。而那些没能继续升学的同学呢，早就被抛在脑后了啊！

在过去，有问题的孩子不是不存在，而是没被看见。就像等到少年儿童保护、性平教育等法规制度逐一建立后，家暴、儿虐、性侵等案件通报量才急速增加，因为过去不当一回事的，如今都纷纷浮出水面。

打不得、碰不得，教育方式的改变代表什么？

接着谈谈教育方式吧！过去可以用高压管教孩子，现在却得温柔对待孩子，为什么？现在的孩子比较有问题吗？

（一）前面提到，在过去，能留在教育体系中的孩子，多半是身心强壮的人生胜利组，禁得起高压式教育。但是，这不代表高压管教就是正确的教育方式。事实上，有许多我们没发现的孩子，他们在高压管教下成了牺牲者，并因适应不良，自动（或被迫）离开了校园。

（二）高压管教并非无法与尊重、包容、同理等柔软的管教态度并存，许多严厉的教师仍能将班级带得很好。重要的是，在面对班级群体时建立规范明确的威信，面对特殊状况的孩子能弹性以对，提供协助。如果做不到，所谓的高压管教，只是显示出老师的偷懒与无能。

（三）过去在高压管教下生存良好的人（例如那些看似身心强壮的孩子），长大后真的过得比较好吗？大部分的状况是，这些人的思想容易被框架与教条所局限，内心感到无力的同时，表现出来的则多是抱怨、指责与批评，同时安于现状、不愿冒险，亦无视自己的热情与梦想。想一想，或许这些人才比较有问题？

现代的孩子真的很有问题

同时，我也得说，现在的孩子确实很有问题！

比起上一代，他们更能打破框架，敞开心胸，接纳多元，更富创意与冒险精神，更愿意关心并参与公共事务……这得得益于校园里越来越多尊重、包容与同理的氛围。

然而，比起过去的一代，现在的孩子处于更多的不安与焦虑之中。世界变化得太快，未来难以预测。社会与经济体制不断崩解与重建，人人都有机会受更高品质的教育，求职谋生却大不易；人生发展充满不确定，难以用过去的线性思考看待人生。

身处高度不确定的现代社会，孩子得发展出更大的弹性面对变动，得拥有更强大的勇气面对内心的不安。然而，许多老师却仍想沿用过去的思维与方式教育孩子，仍想把孩子塑造成充满制约思想与内心匮乏的考试机器。

　　这么看来，现在的孩子，不有问题才怪！

> 改变世界的力量常来自那些不安现状且特立独行的人。大人该支持孩子勇于展现不同，还是把一根根突起的钉子给敲平？

13 为什么孩子越骂越废

"每次叫他念书，就一副心不甘情不愿的样子，学习成绩一塌糊涂。整天不是看电视，就是玩手机，进了房间便开电脑玩游戏。他不知道我们当爸妈的有多么担心他！"一位母亲正一股脑儿地数落读初中的孩子。

"你们一定感到很困扰。那么，你们是怎么做的呢？"

"能怎么办？只能不断提醒他啊！好说歹说都不听，软的硬的都试过，他爸甚至拿棍子修理他，他也不以为意。我们都快要放弃他了！"她越说越激动。

"真的辛苦了，我看到你们一直没有放弃，持续努力着。"我试着让这位母亲感觉到，有人理解他们的付出与努力。

母亲滔滔不绝地说着。

夫妻俩长期为孩子的各种状况感到相当头痛，一天到晚跑学校收拾烂摊子。他们不解，从小给孩子最优渥的学习环境，也奉行勤教严管的教养方式，无奈孩子就是不争气。

"有没有哪些时候，孩子其实表现不错，不太需要你们担心？"身为助人工作者，我们常不忘使用一些问句，试图提醒家长看到孩子的亮点，找出惯常行为的"例外"。

母亲摇摇头，继续细数孩子的问题："我现在看他全身上下都不顺眼，没有一处是可取的。这孩子如果可以一天不要我操心，就谢天谢地了！"

难道没有任何一些值得赞美或肯定的地方？我不放弃。

"老师，我知道你要说什么。有好多老师都要我以鼓励取代责骂，我怎么做得到？要是他的成绩好一点，行为不要老是脱序，我当然愿意赞美他，但他就是天生懒散，毫不在意。"

"更气人的是，他的脾气还很冲，讲他一句，就回我好几句，语气还很差！"母亲激动地说着。

影响孩子发展的，是你的信念

许多家长常看自己的孩子全身上下没一处顺眼，甚至会怀疑自己怎么生出这样的孩子？

然而，孩子并不是不在意。就是在意，才会顶撞，才会回应。看似对抗的反应，就是青少年典型的行为模式之一，目的是为了表现出独立自主的一面。

我遇过好多家长，他们煞费苦心，望子成龙，望女成凤，对孩子做的一切都出自于爱。然而他们不知道，这份"爱"，可能带来反效果。

我曾在许多演讲场合和家长分享："孩子会长成你们心底所相信的样子。"

许多家长一时难以接受："怎么可能？我们都期待孩子懂事、成熟且成功啊！"

是的，"期待"是一回事，"相信"又是一回事。如果你想达成一个目标，这是你的期待；但你认为自己是否能达成，这是一种相信，而你相信"这个世界会如何运作"，就是一种信念。

真正影响孩子发展的，往往是信念，而非期待。这就是许多家长在孩子的教养过程中，常感觉到事与愿违、力不从心的原因。

当家长不断数落孩子的缺点、说孩子的不是，表面上是为了孩子好，恨铁不成钢；但内心所呈现出来的，正是一种"我的孩子不够好，一无是处，所以才需要我不断提醒"的信念。于是，从这个信念出发所看到的孩子，永远是不够好的。

孩子会验证父母内隐的信念

孩子呢？孩子自幼看着父母的背影长大，望着父母的眼眸长大，因此，很容易内化父母的信念。这种内隐的信念，尽管没有明说，孩子却感觉得到，也就是："父母对我是失望的"或"父母认为我很槽"。

于是在不知不觉中，孩子会去"验证"这种信念。

青少年时期，孩子会试着证明自己的能力，但若得不到大人的肯定，长大后，便会开始证明自己的无能。

我们看到许多青少年与父母对立冲突、僵持不下，这是青少年孩子从依赖朝向自主，逐渐想脱离父母的照顾与干涉，同时借由和父母唱反调，来证明自己有能力独当一面的方式。对他们来说，"认可自己是个有能力的人"远比"当个大人眼中的乖孩子"来得重要。

而父母却往往把青少年孩子反抗的行为，看成一种无能或不尊敬的表现，因此更加严格控管；内心则更加相信孩子"确实一无是处"，更不可能给出孩子任何的肯定。

直到最后，大人累了，心想就任由孩子去吧！反正孩子不是个成材的料；孩子则领悟到，再怎么努力也没有用，干脆彻头彻尾地放弃努力，用无能来证明自己就是大人眼中没有用的"废柴""loser"。

来自心智的偏颇推论

每个孩子都不一样，但相同的是，他们都不断在寻求照顾者的认同与肯定。这是一种生存策略，唯有通过这种方式来感受爱，才能拥有活下去的安全感。

　　每个孩子都有着天生资质高下的差异，或是气质、性格上的差异，然而，行为是波动的，一个人不可能无时无刻都展现让人摇头的行为。重要的是，父母对孩子拥有怎样的信念，就会用什么眼光去看他，同时决定了看到的是孩子的优点或缺点。

　　我们的心智是个过滤器，依照大脑内建的地图过滤来自外界的各种讯息。而讯息筛选的依据，就是那些我们认为无庸置疑的信念。

　　当我们对孩子带着"我的孩子就是不够好"的信念时，就会倾向在孩子身上找缺点、翻旧账，同时放大检视任何负面的行为；偶尔出现的好表现，则可能被我们有意无意忽略了。

　　更可怕的是，我们的心智容易根据内在的信念做出偏颇推论，以证明信念的正确性。例如当孩子小时候的数学成绩不够出色，便推断孩子没有数理天分，长大后还是别走和自然科学有关的领域。事实上，这之间并没有绝对的关联性存在。

　　在此同时，孩子也逐渐学到了父母如何看待自己的方式，包括对自己的观感、狭隘的过滤筛选机制，以及偏颇的推论方式等。

　　于是，一天又一天，孩子长得越来越像大人所相信的样貌。

你无法从口里说出一个"好孩子"

　　大人常犯一种错误，就是不断训诫孩子，要孩子这么做、那么做，以为如此孩子就会自动变成大人心目中的理想样貌。

　　事实上，你无法光用言语就打造出一个符合期待的孩子。孩子的行为发展，与成长环境中的重要他人互动息息相关，更重要的是，孩子身旁的大人是否真心信任孩子有其良善与充满力量之处。

　　当孩子表现出来的正向行为被充分地肯定，就会继续表现类似的行为；当孩子的努力从未被看见，而一些不被接受的行为却一再被放大检视，孩子便会不断展示无能来提醒大人：别忽略我的存在。

　　我们很少被提醒去看见孩子身上的优点，因为我们从小到大也是在被指责中长大。你需要刻意练习去欣赏你的孩子、改变你对孩子的信念，如此一来，你将在孩子身上看到不同的样貌。

 　　从现在开始，有意识地去信任你的孩子吧！

14 为什么你无法对孩子放手?

之前遇到一位母亲，告诉我她在教养孩子上的困境：

"我儿子从小就过度活泼，不容易专注。小学的成绩还可以，上初中后一落千丈。他也毫不在乎，骂他逼他都没有用。医生诊断出他有专注力失调及过度活跃症（ADHD），每天都要服药。可是，吃药也只是让他稍微坐得住，成绩还是没起色，毫无学习动力。最近他开始沉迷网络游戏，回家后就挂在电脑上，叫也叫不动。

"从他开始念书，我每天晚上都押着他温习功课、写作业，没有一天缺席。我已经不知道自己还能再做什么了！"

家里有情绪行为障碍的孩子，做父母的无不伤透脑筋。这位母亲的痛苦，我可以理解。我问她："医生有给你什么建议吗？"

"有啊！医生说，ADHD的孩子天生专注力不足，本来就比较难坐得住，要多给他一点时间和空间，不要在学习上太逼他，也不要给他太多压力。"

确实如此，不管是过动儿还是其他特殊的孩子，他们不是不能学习，只是需要不同的学习方式和步调，大人需要给予他们更多的空间。

"话是这么说没错，不过……"母亲沉思了一会儿，"他的功课烂成这样，也太离谱了！我到底该怎么做，才能让他知道读书是很重要的事呢？"

"或许，他不是不知道，只是做不到，干脆放弃，把心思转移到更能带来成就感的事情上。"我说。如果不断逼一个人去做超出他能力范围的事，只会让他对这件事心生厌恶。

孩子本来可以热爱学习的，我们却常要求孩子一定得遵照某种方式学习，以达到学习成果。如此下来，势必有孩子适应欠佳，久了就开始讨厌学习，进而痛恨学校，最后拒绝上学或辍学。

"老师，你说的我都明白。我也觉得要一个天生容易分心的人，长时间坐在书桌前盯着书本，是一件相当痛苦的事情，但我就是无法这么放手随他去！"

我同情地问她，你能盯着孩子多久？这很累人，更何况，效果似乎不显著。

"不只累，烦都烦死了！我时常想，干脆别管了，儿孙自有儿孙福。父母不放手，孩子如何长大？但我就是放不下。"她继续说，"他爸老是怪我没把孩子教好，说我是个不尽责的母亲！"

我明白了，这是一个独自承受教养压力的妈妈。

聊着聊着才知道，孩子是家中盼了好久才出生的男孩，母亲承受了生男孩以传宗接代的压力。儿子出生了，却发现有注意力不集中或过动等问题。全家人都把矛头指向母亲，母亲为了证明在家族中的价值，拼了命也要把孩子带好。

母亲越是费尽心思盯着孩子念书，父亲越摆出事不关己的态度。孩子的学习成绩每况愈下，父亲非但没有对母亲伸出援手，反而责怪母亲没尽力、不用心。于是母亲累垮了，又被另一半嫌到臭头，而孩子的状况也没有得到改善。

大人如何在教养中解决自己的心理困境

这是一种系统动力的典型呈现。父母双方各自带着成长过程中的创伤，或未被满足的需求，来到新组成的家庭里。他们在与孩子的互动关系中，投射了自己内心的脆弱与期待，形成了某种功能不佳的互动模式，反复出现，带给每个成员困扰，却停止不了。

这说明了，许多适当的教养观念，家长不是不知道，但他们就是做不到。

例如大部分家长都知道，当孩子长大后就要渐渐放手，让孩子学习独立自主。然而，知道是一回事，实际上却很难做到。

那是因为大人背负着身上原本就有的痛苦，却得同时面对教育孩子的压力。也因此，孩子很容易成为父母一方暂时解决其心理困境的工具。此时，孩子的成长与发展，无意识地被父母给牺牲了。这些孩子被称为代罪羔羊（identified patient），成了解决家庭问题、维持家庭运作的牺牲者。

孩子的问题不只是孩子的问题

我有许多机会与家长们讨论孩子的教养，话题到最后，焦点常落在双亲互动或个人的心理议题上。

谈到深处时，不少家长会惊觉，原来孩子的问题不只是孩子本身的问题，而是双亲间沟通互动的问题，是家庭系统互动现状的反映，以及家长自身心理困境的影响。而这些心理困境，多半来自原生家庭的成长经验。

曾有个父亲对我说，当孩子进入青春期，亲子之间有越来越多冲突之后，才发现其实孩子冲撞的是，自己长年下来的信念与价值观。这时，他才有机会重新审视自己的成长过程，是如何形塑起看待世界与自己的方式的。

这位父亲来自一个气氛严肃的家庭，所有的事都要按照既定的标准程序进行，不容一丝一毫的偏差。这种生活方式的好处，是让家庭中各种事务的运作有条不紊，也让人处在凡事操之在己的安心感中。他的成长过程包括求学与工作，都在这种 SOP[1] 中一一完成。

也因此，孩子随性不羁的态度总令他火冒三丈。事实上，这也是他的另一半时常抱怨他的地方——过度计划与掌控一切，缺乏弹性。军事化的生活方式虽曾为他带来诸多好处，却也使他失去了许多生活中的惊喜与可能性，并常在事情无法一一就绪时深感挫败。

这位父亲把自小形成的生活态度，带进了新组成的家庭中，并用同样的思考框架来要求家人，特别是孩子，却无法理解为什么无法适用于孩子身上，甚至为此与孩子争执不休。也因为无休止的冲撞，让这个无法"按照计划"教育孩子的父亲，有了深刻反思的机会。

做系统中最有弹性的人

所有的改变，都来自对现状的不满；而最有弹性的人，往往是最能打破系统现状、改变系统互动的人。

作为大人，如果对孩子的现状不满，希望变得更好，应该认

1　即 Standard Operation Procedure，标准作业程序，就是将某一事件的标准操作步骤和要求以统一的格式描述出来，用来指导和规范日常的工作。

真反思，是否有些孩子的问题源于自己；那么，首先需要改变的是自己，而非孩子。

尤其是那些我们明明知道"这么做才正确"，却又无法做到，并且一再反复出现的念头与行为模式，很明显地透露出，在我们的内心深处，或者与伴侣的关系中，存在着需要好好被检视、处理的议题。

或许，这时候我们最需要的，是静下心来向内检视自己，或与另一半好好讨论，甚至寻求专业协助，走上疗愈之路。

改变，从自己做起。清楚地意识到我们所背负的包袱，是如何加诸在婚姻与儿女身上，同时打破旧有的思考与行为模式，调整自己。

做系统中最有弹性的人吧！改变，从此发生。

千万别期待你的孩子会先做出改变，因为他只是个孩子；更别奢望你的另一半有一天会懂，因为他的行为模式也已根深蒂固。

15 没有叛逆期的孩子们

　　一个高一的女孩，就读当地颇富口碑的高中，令父母相当有面子。一个学期过后，女孩时常上课到一半，就因为身体不舒服到保健室休息。

　　一开始是一星期一到两次，后来天天都要到保健室报到个一两节课。不舒服的原因有时是头痛，有时是胸闷，有时是胃痛，有时只是莫名的不适，躺个几节课就好了。

　　保健室的护理师眼看这样不是办法，导师也发现女孩缺课情形越来越频繁，于是和家长联系，请家长带去医院检查，却怎样也查不出病因。

　　后来，女孩开始请假在家不来学校了。先是一个星期缺课一天，慢慢增加到两天、三天……当然，原来名列前茅的学习成绩，也一落千丈。家长只好带到医院身心科就诊，医师诊断可能是忧郁症的前兆，还不需要药物治疗，建议学校安排心理辅导，于是学校的辅导教师开始与女孩接触。

　　会谈初期，女孩很配合，有问必答，但敏锐的辅导教师知道，很多资讯说了其实等于没说。在一次谈话中，辅导教师拿出蜡笔与图画纸让女孩随意涂鸦。画着画着，女孩的泪水止不住地落下，沾湿了画纸。画纸上画着一个面具，还有燃烧着的火焰。女孩说，她想把这面具给烧掉，她不想再戴着面具生活了。

原来，多年来，女孩一直在扮演人见人爱的好孩子角色。初中毕业后本想念职校，稍微透露了自己的想法便被父母拒绝，之后就不再提起，顺从父母的心意升上了普通高中。高中时延续好孩子的言行，但内心却因不喜欢高中的学科而痛苦万分。

这个痛苦不能说出口，因为说了就不是好孩子了，会让父母担心，或被认为是偷懒、不努力。不能言说的意图与情绪，透过了身体病痛表达出来。那不是装痛，是千真万确的不舒服；身体的症状不只是不舒服，而是内在无从发声的情感的代言人。

这是个因心理因素产生身体变化症状的典型案例，常与高中阶段青少年接触的教师或心理助人工作者应该都不陌生。故事情节或许有些不同，但问题却多是类似的。

令人纳闷的是，为什么有意见不能表达？为什么得当个绝对顺从父母的好孩子才行？有话直说，有心事直讲，难道不行吗？

所有的行为背后都有正向意图；任何身心症状的持续，背后也都在维持着某种功能。常见的是，父母关系长期紧张，孩子只好用懂事来照顾父母的情绪；父母一方长期遭到另一方暴力以对，孩子用乖巧听话来支持父母中弱势的一方，成为情绪伴侣；手足中有人死亡、残疾或犯罪脱序，孩子用成熟的表现来安慰父母的悲伤与遗憾……在乖巧、顺从、懂事与成熟的背后，都是孩子试图对父母表达爱与忠诚，或是恐惧和父母间那份爱的联结断裂消逝。

那些不能表达的想法，往往是与父母想法相左的意见；那些不能表现的情感，常常是父母无力承担的情绪。凡事都不愿见到父母反对，凡事都不希望被父母拒绝，当然不能有主见，也不可能叛逆。

叛逆期来得太晚？

过去常处理到孩子向父母吵着要休学的状况。家长来学校找导师讨论，又被导师"请"到辅导处跟我聊。父母常常很纳闷，孩子从小到大读书都不需要老师担心，怎么现在却出状况了？

我想起每次与家长联系时，常会听到这样的抱怨："奇怪，他以前都很听话的，怎么现在变这样？"

家长说："他之前都很乖的，是不是进入叛逆期了？"又说："高中才开始叛逆期，会不会来得太晚了？"这些话都让我啼笑皆非。

"叛逆期"只是一种青少年时期常见现象的描述，指的是孩子正从依赖走向独立，从顺从走向自主，与父母不再总是同调，而出现了更多自我主张。孩子用各种离经叛道或不易被接受的方式，试图掌握人生的主导权，因而与父母之间出现紧张甚至冲突的互动关系。

这段时期的青少年在大脑与身体发育上历经极大的变化，心理上又急于证明自己已经长大，冲动、易怒、火暴的脾气与言行，常让大人感到似乎是为反对而反对，于是把这种种的现象统称为"叛逆"。

然而，这是再正常不过的了！从人类身心发展的角度来看，所谓叛逆，其实就是一种"长大"的过程。

因为，人终究要走向独立，终究得发展出自己的世界观，找到人生意义，以及追寻梦想。

孩子不是变坏，只是需要我们帮忙

许多家长很得意，自己的孩子在初中时没有经历"叛逆"的阶段，认为是前世烧高香，甚至沾沾自喜；却不知道，真正的风暴还没来临。当孩子几年后突然出了状况，往往是无预警的，便让做父母的措手不及，也完全摸不着头绪。

"我的孩子怎么变懒了、摆烂了？"

"这小孩变坏了，以前不是这样子的！"

　　家长们通常都急于找出原因，但言语间却透露着难以接受孩子变成如此陌生的面貌。我告诉家长："他们不是变懒、变坏了，而是遇到困难了，需要我们帮忙。"

　　在心理工作的实务经验中，那些从小到大都很乖顺、各方面都不需要大人操心的好学生，其实可能只是个不定时炸弹，没在高中阶段爆炸，也会在大学甚至就业之后爆炸，就像前面的案例一样。

放手让孩子叛逆吧！

　　说穿了，当孩子一路乖到底，一直都没变，该叛逆没叛逆，该有自己的独立想法却都"爸妈说了算"，该自己做决定时却总是顺从父母的安排，多年的经验告诉我，不要高兴得太早，这种情形反而值得我们担忧与正视。

　　做父母的永远要体认到，终究有一天，孩子会开始与父母争夺人生大小事的主导权。这不但是孩子成长过程中自然与必经的历程，也是作为父母需要面对的人生功课。好好渡过这一关，彼此都能有所学习与成长，未来的关系也将更能彼此支持、相互滋养。

　　处于叛逆风暴中的孩子，正在向父母宣示自己已经长大，因而出现了失控的情绪。父母要懂得逐渐放手，支持孩子的独立思考，同时用温柔与坚定的话语，帮助孩子易失控的言行踩刹车。

如果孩子到了青春期尾巴，仍然唯父母命是从，没展现出任何对立反抗的行为，千万别抱着孩子是来报恩的心态而感动不已。你得好好检视家庭关系中，究竟是什么让孩子失去了表达的机会，没办法在心理上真正长大，以至一直扮演着那不被允许叛逆的乖孩子。

孩子终究有一天会开始与父母争夺人生大小事的主导权。这是孩子成长过程中自然与必经的历程，也是作为父母需面对的人生功课。

16 冷漠的大人与疏离的孩子

　　小如因为受到班上同学孤立、排挤，而被转介到我这里会谈。她文静、寡言，说起发生在自己身上的事总是轻描淡写，但眼眶中打转的泪水，透露出她因为缺乏人际归属，内心感到孤寂和沮丧。

　　被排挤的情形越发严重，我找来小如的父母讨论如何帮助孩子。我认为，此刻父母多一些关怀，可以强化小如的人际支持，让她能暂时获得力量渡过难关。

　　小如的父母温和友善，看起来朴实有礼。父亲告诉我："我们也发现她闷闷不乐好一阵子了，好像发生了一些事，但不知道问题这么严重。"

　　"你们有询问她状况吗？"我问。

　　"呃……事实上，没有。我们没有问她。"

　　"为什么？不是已经发现她不对劲了吗？"

　　"老师，不瞒您说，如果不是学校通知，我们其实不知道她在学校被同学排挤，所以也没机会跟她讨论。"父亲说完，母亲接着说："对啊！毕竟，她都没跟我们提过这些事啊！"

我叮咛，请父母这阵子多关心孩子的情绪状态，给予必要的支持。父母告诉我："好的，今天回去，我们会和她讨论看看。"

第二天，我与小如会谈，询问她昨晚与父母的互动。小如说："没有，我们什么也没有谈。"

我很讶异，发生这么严重的事情，父母的态度竟然如此冷漠。我进一步问："他们过去也是如此吗？都没有或很少主动问你生活或学校中的事？"

"老师，其实他们很尊重我。从小到大，我想做什么、学什么、升学读哪里，他们都不干涉，只要我决定了，就会支持。比起其他同学，我应该算很幸福了吧。"

我可以想象在一个对孩子相当尊重的教养环境下，孩子应该是感到温暖被支持的。一般华人家庭的家长往往对孩子是过度操控，容易引发孩子反感，甚至对立冲突。小如的家长实属难得。

"那么，你也没有主动向他们提起目前遇到的困境吗？"

"没有……"孩子低下头，说，"我不想跟他们讲，讲了也没用。事实上，我早就习惯不和他们分享心事了，遇到困难我也总是自己面对、自己解决。反正他们没问，我就不提了。"

我想起前一天与家长会谈时，家长对于没有和孩子讨论目前遭同学排挤的事，不断地说："可是，她都不说啊！她没说，我们也不知道她有困难，需要帮助。"又说："我们也观察到她的异状，但她没主动提，我们也不好直接找她谈，怕她觉得有压力。"

缺少温暖关怀的空洞支持

这是一个矛盾的亲子互动形态。父母的教养态度是完全尊重孩子，也相信孩子能独立自主地面对日常生活中的大小事务，因而不太过问孩子生活中发生的事，只让孩子知道，无论如何，父母都尊重与支持孩子的决定。

另一方面，孩子在父母的信任下，确实能自发处理各种问题，不依赖父母，也不需父母操心。但长久下来，孩子变得不再向父母分享心事，甚至遇到困难，也是独力承担，不习惯告知父母。

"我不知道，如果我说了，他们是否会懂我的感受？我想，他们只会说，他们支持我、尊重我的决定之类的话吧……"小如的这番话，透露出对父母的矛盾情感。一方面知道自己确实受到父母的信任与支持；另一方面，似乎感受不到父母在信任与支持背后的温暖关怀。

贫乏的情感经验导致人际疏离

小如的父母在谈起小如遭遇的困境时，看起来总是温和冷静，没有太大的情绪起伏。对于学校老师的协助与安排，也全力配合并表达感谢。然而，他们似乎不太知道如何靠近自己的孩子，除了表达尊重与支持外，缺少与孩子内心的情感交流，也难以建立起爱的联结。

久而久之，孩子习惯了这样的家庭互动模式，不善于向父母表达情感，也不让父母参与自己的生活。不知不觉中，小如也复制了父母的情感表达方式，总是在人前表现出温和而冷静的样子，在同侪间给人一种距离感，甚至被解读为做作、矫情或冷漠。

于是，在家庭中少了一份与父母之间的情感联结，在学校里也无法成功与同侪建立友谊，小如渐渐成了班上的边缘人，永远无法满足在人际归属感上的渴求。

尊重之外仍需建立起稳固的情感联结

在孩子逐渐长大的过程中，我们希望父母学会放手，亦即，开始以尊重的态度，支持孩子为自己做决定，并为自己的决定负责。这是培养孩子走向独立自主的必要过程。但有时候，孩子只能感受到父母的尊重，却感觉不到关爱。

有些家长误解了尊重的意思。尊重并非只是对孩子表现出绝对的信任与支持，就完全放心地让孩子独自面对自己的人生课题。亲子之间还有一个更重要的任务：建立起稳固的情感联结。

稳固的情感联结是孩子有能力往前走的力量来源，也是遭遇困顿、挫折时，疗伤止痛的最佳良方。表达尊重与支持，却缺乏情感联结，孩子在独立面对人生的各种挑战时，会觉得少了一份力量，有时甚至会觉得并未得到父母重视。

参与孩子关心的议题

如何在对孩子表达尊重的同时，又保持高品质的情感联结呢？父母要学习参与孩子关心的议题。参与的方式有几种，家长可视时间、能力以及情境，选择不同的表现方式：

（一）用"言谈"的方式参与

细腻观察孩子的身心状态，主动和孩子讨论他感兴趣的话题，或者主动关心孩子可能遇到的困境。倾听之外也表达理解，可以提供一些建议与观点，但不强迫孩子接受。此时，同理心的回应是创造情感联结最好的桥梁。

（二）用"一起做点事情"的方式参与

在孩子不排斥的状况下，一起从事孩子感兴趣的事，例如一起阅读孩子喜欢的书籍，观赏孩子喜欢的电影或电视节目，从事孩子喜欢的休闲活动；当孩子遇到困境时，一同商讨解决之道。请务必记得，千万不要边参与边批评，否则很快就会被孩子列为拒绝往来户。

（三）用"提供资源"的方式参与

有些事情不容易在言谈间讨论或一同进行，此时可以选择默默观察，适时提供一些孩子可能用得上的资源。例如在孩子的桌上放一本好书，或者解决问题可能需要用的物品。一些贴心的举动，也能表达理解、创造联结。

　　身为尊重子女的家长，是可以做到既"参与孩子关心的议题"，同时又"不过度涉入"。只要拿捏好界线，就能让孩子感到被尊重且支持，进而获得因情感联结而产生的力量。

稳固的情感联结是孩子有能力往前走的力量来源，也是遭遇困顿、挫折时，疗伤止痛的最佳良方。

Part III
在关系中
带给孩子更多的力量

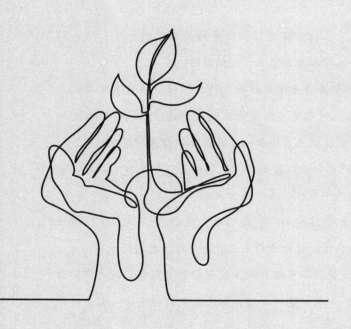

知道有人理解，有人懂，

是一份人与人之间的联结，

本身就是力量的来源。

17 老师，你愿意相信我吗？

"老师，你愿意相信我吗？"孩子回头看了我一眼，这么问我。我永远不会忘记那双恐惧又无助的双眼。

她是一个长期遭受身体与精神虐待的孩子。事情发生在几年前。有一天，几位同学鬼鬼祟祟地来到我面前，问我有没有空聊一下。他们告诉我，班上有个女同学在家里被母亲打得很严重。

"老师，是她亲口告诉我们的，我们还看到她胸口的伤疤，很恶心！"同学们你一言我一语地说。

"为什么她会告诉你们？"我问道。他们说："她来学校脸很臭，我们问她怎么了，她就开始哭，后来全都跟我们说了。"

"对了！她还说，不可以告诉学校老师！"同学们用严肃的口吻说着，"她说，如果被老师知道，回去会被打得更惨。初中时就曾经这样……"

我的眉头一皱，发现案情并不单纯……

谢谢这些如天使般的孩子们，即使被托付要保守秘密，仍然知道事情的严重性，前来告诉我，显然希望我可以帮帮她。我琢磨着该怎么处理，心想事不宜迟，立刻把她找过来。

"老师，没有啦！我是跟他们开玩笑的。真的没有这件事！"

尽管我的态度和善，孩子仍然矢口否认。这很正常，为保险起见，我通报了社会处，请社工来一趟，看看她的伤口。

这是典型的少年儿童保护案件，为了提供儿童及青少年最完善与最及时的协助，学校、社政、警政、医疗及法律等单位需要密切联系与合作。教育人员在知道孩子有受家暴、儿童虐待、性侵害或涉及犯罪等情况时，必须在第一时间通报相关单位。除了法律规定外，也是帮助或保护儿童及青少年避免继续暴露在风险情境中的一种积极保护机制。

处理少年儿童保护案例很辛苦，除了烦琐的行政流程外，还得东奔西跑联系各种资源，每一步都得小心翼翼，一时间若多来几个类似案件，真的会让人心力耗竭。

孩子告诉社工，胸口的伤是自己不小心撞到的。

——当天晚上，社工到她家进行家庭访问。隔天，社工告诉我，孩子与父母口径一致，都说没发生这件事。就这样，本案例不了了之。

过了半年，某班导师来找我，表示从班上同学口中得知，有个学生在家被打得很惨。又是她！我再度把她找来。孩子戴着口罩，显然脸上有伤。

又像上次一样，这孩子仍说没事，脸上的伤是自己跌倒擦伤的，是老师多虑了。我再度启动社政系统介入，社工几次家访后，也没能找到着力点。这件事又就此作罢。

之后，孩子不愿意再来辅导处了。我苦思着该怎么做，无能为力下，我写了封信给她：

"我知道，一定曾经发生过什么事，你也很希望有人可以帮助你。只是，你有着许多担心、害怕，我可以理解。不过，在这个节骨眼上，只有你可以帮助你自己。只有你愿意，才可能获得帮助。请你好好想一想，需要我时，我随时在这里等着。"

半年后，就在我几乎快要淡忘这件事时，孩子突然出现了，她是自己踏进门的。就在我正纳闷的时候，她与其他前来求助的同学一样，怯生生地说出第一句话："老师，可以和你聊一下吗？"

"我妈妈精神状况不佳，平时管我非常严，晚几分钟到家，就会被她毒打。有几次很夸张，把我的头抓去撞墙，还曾经拿高跟鞋的鞋跟猛打我的胸口。我妈说，她在县政府有认识的人，谁去通报都没有用……"

孩子边哭边发抖，但仍强忍着难过把话清楚地说出来。

"所以，前两次同学说的，是真实发生过的咯？"我想确认。"对！是真的。对不起，我没有说实话……"她低下头，眼泪仍不断滴落。

"你希望我怎么帮你？"我问。她抬起头，用坚定的眼神看着我说："老师，我无法继续待在这个家了，请让社工把我带走。"她崩溃大哭，"我不要再回家了，我不要再回家了……"

当天下午，社工直接带她去验伤、报案，然后紧急安置到寄宿家庭。在我确认当晚她暂时可以不用回到那令她熟悉又恐惧的家时，我叮咛她："好好照顾自己！"

她背起书包，在社工的陪同下，准备前往寄宿家庭。

我看着她走出社会处的大门，这孩子回头看了我一眼，开口说："老师，你真的愿意相信我吗？"

我微笑着，用力点点头。"快去吧！"我说，同时向她挥手道别。她紧绷的神情逐渐放松，嘴角绽放出我从未见过的笑容。

离开前，我听到她与社工之间的对话。"你已经高三了，会继续升学吗？"社工问她。"会呀！而且我想念社工系，"她说，"我想帮助那些有着像我一样遭遇的人。"

是一再欺瞒，还是一再试探？

每次遇到这类家暴或少年儿童保护事件的个案，当辅导教师的总是忙得人仰马翻。当初我为了这孩子的事东奔西走，白忙了两次都无功而返；不只是我，社会处的社工比我更辛苦。这下子孩子想通了，希望我帮忙。那么，我之前到底在干吗？

或许，前两次她都看在眼里。她只是想知道，眼前这位号称能帮上忙的人，是否真的愿意为她做点什么；她想看看，这个人在处理时，是否是够谨慎到让她不再继续受伤害。或许，对她而言，她身旁没有任何一个人是可以信任的了，所以，她必须一次又一次地试探。毕竟，她的处境是如此的危险。

所有行为的背后必有正向意图

当她问我，是否愿意相信她时，我揣测着她为什么要问我这句话，也认真地问我自己，我的答案是什么？

当然！我当然相信她，不然我在这里做什么？即使她蒙骗了我两次，让我白忙两场，我仍然愿意相信她。

我知道，我相信她的，不是她有做什么、没做什么；或者她说的是真话，还是假话。我相信她的，是不论她做了什么、说了什么、决定什么，内在都必然有着一份善意与正向的动机——这是不容置疑的。

这份相信，是一种选择。我选择相信，人们所有行为的背后都有着正向意图，不是想使自己更好，就是想保护自己免于伤害。

许多人会质疑，有些人的一些具破坏性的行为，包括暴力攻击、酗酒吸毒、成瘾行为或自残，甚至自杀，背后也有着正向意图吗？

是的，所有被保留下来一再重复的行为模式，都是个体在因应外在环境变化或压力时的生存策略。当人们处在极度痛苦或威胁之中，那些看似负面的行为模式，却能在某种程度上带给个体强大的保护力量。虽然也可能带来其他的问题，但行为本身（包括情绪反应在内）总是没有错的。

而对于一个长期处于虐待威胁家庭环境中的孩子而言，每天必须带着恐惧生活，战战兢兢于不知何时会遭受一顿毒打或责骂。周遭的一切，没有任何对象足以令她信任。即使她知道学校老师可以帮助她，但内心深处面对大人的不安，也让她一再地打退堂鼓，同时一次又一次地用试探的方式对自己的信心喊话。

生出超越伤痛的力量

当我听到，这孩子未来想成为一位助人者时，我的内心是欣慰的。

我知道，大人的这份真诚信任，为孩子带来了支持。孩子经历了被帮助的经验，已经发展出对人的信任，也愿意将这份信任，传递给社会上有需要的人。

另外，她也因为新的人际互动经验，对自己的未来感到有希望，希望则带来力量。孩子因为自身的遭遇，选择将力量放在未来改善与她相同遭遇的孩子的处境上。

许多生命中曾遭遇困顿的人，在接受过心理协助后，常会期许自己若有机会也要成为一位助人者，通过帮助别人展现自己的力量。然而，受伤的心灵是需要时间疗愈的，通常还有许多困境需要面对，且有许多功课要学习，尤其是回头处理与原生家庭的关系。

因此，别太心急。给自己更多的时间学习面对自己、联结自己、觉察自己与整理自己。有一天，当你准备好的时候，就能展现强大的力量，成为让世界变得更美好的人。

 孩子经历了被帮助的经验，会发展出对人的信任，并愿意将这份信任，传递给社会上有需要的人。

18 成为他人身边
稳定而坚强的存在

　　曾有许多家长请托，要我代为说服孩子听从他们的意见。我总是回应："我可以跟孩子谈谈，并转达你们的期待。我会试着理解孩子的想法，但我不会帮你说服孩子。这是你与孩子之间的事，你才是最懂孩子的人，你必须自己与孩子沟通。"

　　当然，在说这些话之前，我会给家长足够的同理心回应。

　　也曾有孩子要求我，代为向周遭的大人表达他们的困境，期望通过我的口，去替他们向大人争取些什么。我常会进一步问："是什么让你无法自己向大人开口呢？"

　　孩子说："他们不愿意听我说。"

　　我说："你怎么知道？你试过吗？"

　　孩子说："过去一向如此啊！这次也不可能会成功。"

　　显见孩子有着习得性无助感，我说："当他们不愿意听你说时，你的感受是什么？无力、挫败、生气还是沮丧？"这是用提问进行同理心的回应，目的是与孩子的情感联结。

孩子说："都有，尤其是很生气。"

我说："生气什么呢？或者，生谁的气？"

孩子说："气他们都不听我说，每次都是这样！"

我说："想必感到很泄气，对吗？"我停顿一下，观察孩子的情绪变化，继续说："我看到，即使很生气、很无力，你仍然不放弃跟他们沟通、表达你的想法，你是如何愿意坚持下去的？你又是如何看待这个'愿意坚持'的你？"

此刻，我正在引导孩子看见他的内在有着不放弃的企图，他需要去见证自己身上拥有的资源。

最后，我会告诉孩子："这是你的事情，你得自己去面对。若由我帮你代言，效果不见得会更好。你一直没有放弃，我们可以讨论看看，如何向他人表达你的期待；或者，当你被拒绝时，还可以怎么因应。"

"简快身心积极疗法"的创始者李中莹老师曾说，一个成熟的人，是有能力照顾自己与照顾他人的人。

我认为，照顾他人，不是凡事亲力亲为，或总要代替他人做决定及解决问题；而是有力量承接起他人的不安，并提供支持。

与此同时，照顾自己更是相形重要。能够照顾自己的人，是懂得将自己与他人的责任区隔开来，给予协助但不过度涉入他人的议题中，也就是阿德勒心理学中提到的"课题分离"。

想解决问题，
更想安顿内心的慌乱

我时常遇到心急又无力的家长询问各种问题，像是：

"孩子严重沉迷网络游戏，该怎么办？"

"孩子对学习充满挫败感想要休学，该怎么帮助他？"

"孩子已经好几个月不和我们讲话了，该怎么办？"

"我希望孩子能就读某专业，该怎么跟他沟通？"

"孩子很没自信，在学校不受欢迎，该怎么做才好？"

家长的询问有个共同点，他们常期待我能给出一个立刻见效的答案，帮助他们解决问题。然而，每个问题都有复杂的成因，也都是关系中各方长久互动下来的结果，很少会有立竿见影的速成药方。

即使我提供了具体的建议，往往也被打回票。他们会说："老师，你说的我知道，可是……"也就是，我的建议，很难被这些心急如焚的家长接受。

然而，如果我一直将焦点放在他们的困境上，以及思索如何提供解决方法，肯定会陷入胶着。到头来，家长仍感无力，我也挫败不已。

因此，每当焦虑不已的家长前来咨询，他们问"怎么办？我该怎么做"时，说真的，大多数情况下我是帮不上忙的。于是我开始思索，除了立即改善的方法外，他们真正想要的是什么？

仔细观察后会发现，家长除了想寻求解决之道外，眼中也在寻找一份可以安顿内心的依靠。

同样地，每当慌乱的老师前来诉说，对自己班上同学束手无策时，我知道我也无法提供什么高见。然而，我发现，老师们需要的，往往不是由你告诉他们该怎么做，毕竟，该做的他们都做了，有时候他们只是需要让失调的情绪有释放的空间，重新找回继续前进的力量。

真正的助人，
是能承接情绪并给出力量

身为一位在校园里服务的助人者，我的工作就是帮助他人解决生活上的困境。究竟，面对这些内心失序的灵魂，我能做什么？我永远谨记"简快身心积极疗法"带给我的启发，其中一个重要的原则是：永远带给对方更多的力量，而不是拿走对方身上的力量。

事实上，我们常急于告诉对方该怎么做来解决问题，反而让对方感受到自身的无能，因为，我们不经意间把自己放到比对方还要高的位置上了；此刻，我们正在削减对方身上的力量。

相反地，当我们能够静下来，只是温和而稳定地聆听，以带有同理心的词语回应对方，便与对方产生了联结。

"知道有人懂我"，这是一份人与人之间的联结，本身就是力量的来源。

身为专业的助人者，我们面对的，有时候是困扰中的案主，有时候则是案主身边的重要他人。无论是谁，都有一个共同点，就是被眼前的困境卡住而感到内在无力，需要重新找回力量面对问题。

有的情况是，家长为了孩子感到疲惫不堪，把这份痛苦传递给导师；导师在一番努力后也无能为力，来到我身边，把这份来自于孩子、家长和自己的压力，一股脑儿地抛给我。

也有些家长的情况是，孩子在学校状况频出，一天到晚被老师打电话告状。老师把其班级经营与教学要求的压力放到家长身上，家长再带着这份沉重的压力，转而向我求援。

于是，我所接收到的，往往是层层累加之后的负担。他们常说："你是专家，请告诉我，该怎么办？"

所谓的专家，有时候并不代表比第一线面对问题的人员有更多的办法。即使有些可提供参考的对策，但眼前失神仓皇的生命，也不一定听得进去——他们需要的是被理解与支持。

于是，真正的专家身上需要带有一股强大的力量，才能够承接或包容那些累加的压力；也就是，**即便暂时没有更高明的做法，但也能顶得住无形的压力，让陷入困境中的人觉得放心、有安全感，进而坚强地回应他们身处的困境。**

体验那份如同在父母身旁的坚实安全感

当我们还是孩子时，一边探索世界，一边回头寻找父母。我们渴望父母永远在我们身旁，当与父母的眼神交会时，就会感到安心。

长大之后，我们仍然有着一颗玻璃心，渴望身边有个让我们安心的人，带给我们安全感。即使在成为孩子的父母或老师之后，也是如此。

然而，即使我是个助人者，我提供你支持，也不代表我需要为你的人生负责；属于你的责任，仍须由你去扛起。我只提供你一个安全与放心的空间，让你能为自己找到更多力量，以及选择并尝试更多解决困境的方法。

你的无力我能理解，我愿陪着你面对这份无力，直到你的内在逐渐萌生力量——即使现在没有最好的办法。

当你有着孩子般的玻璃心时，你能在我身上找到一份如父母

般坚实的安全感，而有能力面对自己的课题，在这个充满未知的
世界中，继续冒险。

　　愿我们都能长成一位成熟的大人，成为一个他人身边稳定而
坚强的存在，有能力照顾他人，更不忘记先照顾好自己。

> 永远带给对方更多的力量，而不是拿走对方身上的
> 力量。

19 改变，一次一点点就好

"那么，你接下来有什么计划？"我问。学生沉默了一会儿，接着说："我想我应该改变我的读书时间，像是回家后先写作业，然后复习明天要考的科目，接着去洗澡……"

学生咽了一下口水，继续说："然后我上课要养成抄笔记的习惯，免得回家不清楚老师说了什么。像是数学，如果上课听不懂……"

我等学生一股脑儿地叙述完他"抢救成绩大作战"的计划后，笑着问他："我感受到你强烈想改变的决心，那么，你要先从哪一步做起？"

学生愣住了。我解释："再好的计划，都要有一个开头。着手的第一步，通常是你有把握、现在就可以做到的，而且比较容易坚持下去的行动。"

即使和孩子谈得顺利，也别高兴得太早

我长期在校园里推动学习辅导与咨询，帮助孩子提升学习成绩，在学习上能取得更多的成功。

过程中，最怕遇到的是毫无学习动机的学生，就是那种完全放弃学习，对成绩表现毫不在意的人。他们通常是由老师转介，或焦虑的父母前来求救。往往老师感到困扰，辅导教师也很无奈；若唤不起学生的学习意愿，怎么谈、谈多久都没有用。

而有另一群学生，他们有着追求学习成就的意愿，但持续使用无效的学习策略，因此在学习上倍感挫败。有的是读书意志坚定，像拼命三郎似的念书，但效果不佳；有的则是怎样都没有办法把心思好好地放在读书上，但他们对自己的学习表现仍感到焦虑不已。

在学习议题的会谈中，对于有意愿提升学习成就的学生，在引导他们检视自己如何使用各面向的学习策略后，通常可以发现学习困扰的症结所在；同时，进一步帮助他们看见自己其实拥有更多的选择，也就是可以通过采用新的学习策略，有效提升学习效果，而非永远处在坐困愁城的窘境中。此时，学生会燃起想改善学习表现的动力，开始企图做点什么来尝试并展现新的学习行为。

若会谈能走到这种程度，是我们十分乐见的。此时，宾主尽欢，

孩子们带着满满的希望走出会谈室，眼神散发着光芒，仿佛人生就此焕然一新。然而，有经验的辅导人员都知道，别高兴得太早。

在改变的起点就迷失方向

正如"人生不如意事，十常八九"，十次中总有八九次，在下一回的会谈中，孩子们会带着沮丧与挫败的心情回到会谈室，告诉你这一个星期中，他什么都没改变。

这到底是怎么一回事？原本困扰中的孩子，不是已经清楚知道自己的问题症结所在，并且也知道有更多的方法可供选择，接下来，只要采行新的学习策略就行了，为何会毫无进展？

原因很可能出在，我们没有帮助孩子找到改变行为的起点。

人是矛盾的动物，内心的痛苦有时或许来自于选择太少或没有选择，有时却也可能是选择太多，不知如何选择，于是在改变的起点就迷失了方向。

过多的学习策略，
反而造成难以抉择

在学习议题上，影响学习成绩的好坏，来自于各种因素的交错互动，包括认知讯息处理、动机／情感、学习任务、读书环境、时间的规划与安排、求助技巧与求助资源等。若能弹性、适切地在各种因素上使用相关策略，就能有助于学习成效的提升。

好的学习者能在各领域的学习策略上运筹帷幄、灵活分配心智资源，并且适度地加入更多策略来因应新的学习挑战。就像马戏团中转盘子的表演一样，熟练的表演者可以在同一时间让许多盘子在不同的棍子上保持旋转，甚至逐一加入新的盘子，轻松自如。

然而，刚从学习困境中获得新希望的学习者突然发现，竟然有这么多面向的学习策略可以采用，而每一种策略似乎都有帮助时，心里会想："我究竟该先采用哪些学习策略呢？"太多的选项一时之间淹没了学习者对学习的狭隘观念，**太多的选项反而成了新的困扰。**

学习策略的使用缺陷

还有一些急于改变的学习者，同一时间使用太多新的策略，在学习与生活习惯上做出过多或太大幅度的调整。第一天总是信心满满，但接下来，压力与疲惫相继而至；当承受不住时，干脆全盘放弃，改变又回到了原点（难以理解吗？想想瘦身的经验就知道了）。

前面提到，在学习策略的相关研究上，有着"学习策略的使用缺陷"的说法。发展心理学家派翠西亚·米勒（Patricia H. Miller）提到，许多学习者在过程中试行新的学习策略，最后却放弃了，他们不但没有从新策略中获益，还走回原来的老路。

米勒解释，使用新学习策略的目的原是为了增进效率，但因为新学习策略的采行往往在开始时耗神费力，在心智资源的大量使用下，不但没有节省时间精力，反而让学习者倍感辛苦耗时，若再加上学习表现不如预期，便很容易又回头使用原来熟悉的学习策略。

从另一方面来看，当人们在面对困境时，会一再地使用无效的旧方法，不是不知道新的方法，就是旧的方法可以带来难以取代的好处。学生在面对学习挑战时，常一再使用无用的学习策略，原因往往是新策略无法立竿见影，老策略尽管效果不佳，但因可能曾带来辉煌的战绩，所以会对老方法抱持"还有效果"的希望。

微调就好——找到改变的起点

一旦我们知道人们在面对改变时的"惯性"，在与孩子讨论学习议题时，就得引导孩子找到一个改变学习行为的起点。而这个起点，正是当孩子采行新学习策略时，从简单、容易达成之处着手，最好不要和原来的学习行为有太大差异，也就是"微调"就好。

于是，我会问学生："你的改善成绩计划内容相当庞大，其中有哪件事，是你今天就可以做得到，不会让你感到太困难，而且有把握持续做下去的？"

学生说："早点儿睡吧！这样第二天才不会精神不济，上课听不懂，造成温习功课的困难，于是恶性循环。""很好，那么，你原来几点睡？现在打算提早到几点就寝？"我试着引导他将目标变得更具体，并且是可观察的。若他的目标设定与原先的行为模式差异太大，我会请他重新思考。

接着我会问："你会做些什么，帮助自己做到提早上床睡觉？"我试着引导学生，更细致具体地去思索如何落实行动计划。当他能完整说出具体实践步骤时，表示行动计划已经在脑袋里被预演了一遍，并被检视是否有问题，这将增加新行为在当天就被成功实践的可能性。

一切都是从小小的改变开始

千万别小看这如此微小的改变起点，正如"焦点解决短期心理治疗"（SFBT）中常说的"小小的改变会引发大大的改变"；台湾地区 SUPER 教师得主王政忠老师也说："改变一旦发生，就会一直发生。"

我们期待看到孩子在采行新学习策略的过程中，能够引发涟漪效应，由一个点的改变，带动线与面的全面不同，而非最后因障碍难行而退回原点。

　　成功经验的积累形成了回馈机制，带来自我效能感的提升。由此，孩子将更相信自己有能力达成更复杂的学习策略。

 让一个一个的微小改变，逐步建立起孩子的学习自信。

20 你是否不曾好好听孩子把话说完？

　　读初中时，有阵子我被分配打扫学校的室外球场。球场旁有几棵树龄颇高的老树，春夏时枝叶繁茂，甚是好看。

　　不过秋冬交替时，可就苦了我们这群打扫的学生。一阵风吹来，树上的枯叶纷纷落下，好不容易打扫完，很快地，球场上又是一片树叶海。

　　扫地时间结束时，外扫区的指导老师会前来检查。记得好几次，当我们卖力扫完球场的落叶，请老师来看时，好巧不巧，正好一阵风吹来，球场瞬间又被打回原形。

　　"搞什么鬼？扫了十几分钟，原来都在鬼混！"

　　指导老师见到球场上满地的落叶，生气地说。同时，伸手指着我的鼻子，"你说，你们到底有没有好好扫？"

　　我是外扫区的组长，试图向老师解释："这里的风很大，扫好了又有叶子落下来……"

　　"哪有这种事？不认真就不认真，还怪风大！"老师没听我把话说完，便大声斥责，"留下来给我扫干净，下次再这样，我就告诉你们导师，第一个惩处你！"

于是，我们一群人继续在外扫区打扫了一阵子。回到课堂，下一节课已经开始十五分钟了。

"上课钟都打多久了，怎么这么晚才进来？"任课老师气冲冲地瞪着我们。

我试着告诉他刚刚发生的事，才刚开口，就被打断："别说了！扫不完是你们的事，以后我的课都不准迟到！"

在学生时代，常有类似的情境——试图向老师解释自己的处境，话没说完，就被制止，接着是连珠炮似的一阵斥责。我的功课还算不错，大多时候会受到老师"礼遇"，其他同学则连为自己说话的机会都没有。

先要你说，却又不让你说

大人很奇怪，总是先要你说，接着又立刻制止你，不想听你说。

大人："你说，为什么会这样？"

孩子："……"

大人："好了，别再说了，没那回事！"

这样的对话，在成长过程中，一再地出现在各种情境中。我想，这与我逐渐长大后出现莫名的"权威恐惧症"，可能有些关系。

每当需要向陌生的长辈、上级表达观点或提出要求时，内心的恐惧便油然而生。开口前我总要在内心反复演练多次，发言时又常说得匆促结巴，事后则懊悔没能表达清楚。

或许，在我内心深处有着"我没有资格对长辈表达自己的立场"，或者"我一定会说出被长辈批判的蠢话"诸如此类的设想。于是，在对方还没回应我的言论前，我就先否定自己了。

直到后来，我才知道，有很多人跟我一样。

听人说完话，真有那么难？

我们都不喜欢自己说话时突然被打断，然而，好好地聆听对方说完话，真的有那么难吗？

试想开会时，你需要当众宣布事情。你罗列了几个重点，才开口没说几句，就被同事打断。有人问问题，要你补充说明；有人质疑你、否定你；更有人马上给你建议，告诉你怎么做会更好……

你心情挫败，想着："急什么？只要听我说完，你们的疑问都不再是疑问了啊！"

无论是分享、讨论、谈判、聊天或交换意见，只要有人不懂得倾听，对话常会流于你一言我一语，缺乏效率，最后让每个人都疲惫不堪。

当心中有话想表达，而无法畅所欲言时，内心的感受往往是委屈、挫败且无力的。特别是，这些话语，需要鼓起十足的勇气，在脑中盘旋演练许久后才说得出口。

久了，我们累了，即使你想听，我们也不想说了。多说无益，何须再谈？

是不曾听他说，还是不想听他说？

在校园与青少年孩子工作多年，我知道，学校很少会因为鸡毛蒜皮的小事，要求家长到校。而一些家长在孩子遇到重大问题，被学校通知到校会谈时，常常惊讶地表示："怎么会这样？我们都不曾听他说过！"

孩子遇到困境时，家长竟是最后一个才知道？！内心的挫败感可想而知。问题是，孩子为什么不愿意在遭遇困扰的第一时间就让父母知道？

常在会谈中听孩子说："说了也没用，反正他们也不当一回事！"或者："说了只会被骂，还不如自己忍下来！"

到头来，形成了父母与孩子双输的局面。孩子很挫败，因为不被理解；父母也很挫败，后悔没能好好理解自己的孩子。

身为大人，我们得反省，为什么孩子不愿意跟我们说话？不愿意谈谈自己的想法？不愿意表达自己？

是不是在许多时候，我们没有好好地听他们把话说完，认真理解他们想表达的想法？于是孩子学习到，向大人说出自己内心的想法是没有用的，还可能会受到斥责、批评与否定。

从不被倾听的孩子，
成为无法倾听的大人

如果，我们不允许孩子充分地表达自己，不让孩子有被充分理解的机会，忽略了孩子也有被充分尊重的需求时，我们又如何期待他们长大之后，能好好地倾听别人说话，在对话中呈现尊重、友善的一面？

孩子还小时，由于处在权力不对等的位置，难以充分表达自己；长大后，一旦自觉可以与别人平起平坐，便会迫不及待地一直表达自己想说的，难以静下心来听完别人的话。因为，他们学到的大人姿态，就是这个样子。

环顾四周，在我们的身边，是否总是存在着老爱打断别人，抢着取得发言权的大人呢？

光是倾听，就能带来力量

　　不要怪孩子什么都不对我们说，也不要怪孩子见到我们总是沉默以对。想一想，在孩子还很小的时候，当他兴致高昂地分享生活琐事时，我们是否曾认真地倾听他在说什么？当他感到委屈对我们诉说时，我们是否曾给他完整陈述的机会？

　　光是倾听，就能带来力量！真正的倾听，不只是听孩子说了什么，还得表现出专注的神情；除了听孩子的表达内容，更要去接收孩子的肢体、表情、语调、神色与情感等非言语的讯息，才能获得充分的资讯去理解孩子的处境，并做出适切的回应。而在这个过程中，我们得忍住内心想要给出建议或评论的念头，就只是听，认真地听孩子说话就好。

　　静下来，好好地、认真地听完孩子想说的话，让他们感觉到你重视他们，愿意理解他们，这样彼此的内心就能连上线，深刻的交流就展开了。在一段关系中，再也没有什么比此刻更值得珍惜的了。

　　改善关系的沟通技巧有千百种，第一步，就从好好听对方把话说完开始吧。

21 "微咨询"的力量

还记得大学刚毕业，到一所初中实习时，我作为导师被分配在初一一个班级实习。班上有个瘦小、肤色黝黑的男同学小奇，调皮得不得了。

每次上课不是屁股长虫坐不住，就是嘴巴不动会发疯，弄得任课老师常在上课上到一半时，忍不住拉高嗓音抓狂怒骂到下课。

"小奇，请你坐好！"一开始，我总是和颜悦色、温和坚定地要求。

"小奇，拜托你不要说话好吗？"接着，我有点失去耐性了……

"小奇，你听不懂我说的话吗？"我意识到我正提高音调，濒临失控边缘……

"讲不听就是讲不听，快被他气死了！"这是每个任课老师最常出现的抱怨。小奇不仅会干扰上课秩序，也常不交作业，而且做事不负责。但如果老师讲几句重话，他又会委屈地哭出来。

有天中午，我前往教室看同学们午休，看到小奇在走廊罚站，写着未完成的作业。我看他手上的笔一动也不动，无聊至极似的望着天空发呆，眼神空洞。突然间，我灵光一闪，走过去拍拍他："小奇，我们去走走！"

我带着小奇绕着校园散步，与小奇闲聊他的家庭生活。第一次认真倾听小奇诉说自己的故事，才知道他有着令人难以置信的成长背景。说到难过处，小奇忍不住眼眶泛红。

二十分钟后，我们走回教室。小奇望着我："老师，你不可以把这些跟别人说喔！"我点点头。他擦擦眼泪，再度露出常见的调皮又带点狡猾的笑容，一溜烟地跑进了教室。

隔天再到班上上课时，小奇一如往常地闹到我情绪濒临失控，再度破口大骂。但这次我知道，我内心里对小奇的态度不同了；而我也感受到，小奇虽然被我骂了，但他看我的眼神也不同了。我们之间出现了一股神奇的默契，只有彼此才能心领神会。

有别于正式心理咨询的"微咨询"

许多老师都有这种经验，与学生短暂的闲聊，却常有着神奇的"会心"感受。这就是"微咨询"的力量。

正式的心理咨询重视一定的会谈结构与主题，需要有充足的时间与固定时段，而且最好在布置得看起来蛮厉害的专业地点进行。个案知道自己是来接受协助的，而辅导人员则扮演协助他人的专家角色，助人关系明显而清楚。

而这里提到的"微咨询"，则是一种短时间、非正式的生活会谈，接近台湾学者林清文教授提到的"会心谈话"。老师与学生在课余时间聊个两三句，学生分享日常生活中的心情点滴，老师则倾听并简单回应。不需在固定的时段，也没有话题的限制，在任何时间、空间都能进行，相当有弹性；而且，没有谁是专家、谁来求助的角色扮演。

短暂的片刻，简短的谈话，就是让双方的关系更进一步，两颗心的距离也更加接近。

各种"微咨询"的进行方式

我曾在网络上写了一篇《你有听过"微咨询"吗？》的文章，引起身旁好友们热情回应。朋友们多半在学校里担任辅导教师，他们惊喜地分享，原来他们每天都通过各种形式进行着"微咨询"。而"微咨询"这个名词，也让他们与学生间短暂却真诚的互动，着实有了个具有意义的"名分"。

他们说，有的同学喜欢固定在某节课下课出现在辅导室外的走廊，与辅导老师隔着窗子分享心事，这叫"窗边会谈"；有的同学喜欢捧着午餐去找辅导老师"喇赛[1]"，边评论今日菜色，边大谈生活点滴，这叫"午餐会谈"；更有担任导师的朋友说，每天透过联络簿与孩子们笔谈，细细回应孩子们分享的每一句心情小语，简短却深刻。

而我的学生，特别是辅导处的志愿者或辅导组长们，则喜欢在午休时来辅导处找我"抽卡"。我的桌上放着一副名为"自信法则"的卡片，每张卡片上都写着读来让人更有正向力量的话语，被我称为"永远不会抽到鬼牌"的卡片。孩子边抽卡，边和我分享今天的考试、班上奇闻、老师糗事、家里状况，以及最近的烦恼等；我则是放下手边的工作（或餐具），专注听他们分享，不多发问也不做分析，顶多同理个几句，更多的是鼓励与赞美。

我知道，"抽卡"只是个幌子，重要的是那分享生活点滴的短暂时刻，足以让疲惫了一天的孩子们再度充满能量，重新出发。

"微咨询"的大成效

"微咨询"看似随兴，在咨询专业上或许难登大雅之堂，但在学校教育与辅导现场却有着不可被漠视的功能。**教育或辅导是一**

1　大家一起漫无目的，不限主题地瞎聊一通。

种人影响人的过程，任何长辈想要对孩子发挥影响力，拥有高品质的关系是第一步，也是最关键的一步。

对年纪较大的孩子而言，平等、尊重且值得信赖的关系，更是他们内心重视的。然而，好的关系不会凭空而降，而是来自生活中每个高品质互动片刻的点滴累积。

"微咨询"是生活中随机出现，短暂但深刻的师生交流，能一砖一瓦地为正向的师生关系奠定稳固根基。

学校里有位导师在新学期刚接高一新班级，每天中午会带着班上的一位同学到辅导处来，借用一个会谈空间，与学生在里面聊个半小时。导师从班级干部开始谈，半个学期后，班上每位同学都至少与导师会谈过一次了。我知道有许多导师会分组与同学共进午餐（称作午餐约会），但一个一个谈的倒是第一次见到。

这位导师告诉我："别小看午休时间的个别简短谈话，半个学期后我就能清楚掌握每个学生的家庭背景、学校适应状况、对自己的期待，以及未来的目标等。"

我想，更重要的是，高品质的师生关系就此建立起来了。导师愿意牺牲午休关怀学生，学生则能感受到被重视与被理解，对于导师的观感不再是深不可测，取而代之的是信任、温暖与亲切。当学生遇到困境时，知道导师是可以求助的对象，就像有心事可以向好朋友诉说一样的自然。

学期末，这位导师兴奋地告诉我，前半学期的付出有了成效。

这学期的班级经营相当顺利，尽管学生偶尔会出点小状况，但没有一位学生被记过处分，这是相当罕见的纪录！

我看到了一位充满热忱的教师，主动创造与学生会心交流的机会，一点一滴地建立起与孩子之间的信任关系，而在日后的教学与班级经营上事半功倍，这就是"微咨询"小兵立大功的地方。

值得一提的是，这位导师的点滴付出终究被看见，受学校推荐获选二〇一六年度台湾彰化县 SUPER 教师奖殊荣；其班级经营经验，至今仍是许多老师争相取经的模范。

是因为"信任"，而非"专业"

校园中的心理助人工作也一样，虽说正式的心理咨询有其不可取代的专业地位，也是一位辅导教师发挥专业功能的主要利器，**但心理咨询发挥成效的前提是，学生能意识到自己的困境，主动愿意进入正式的咨询关系中，咨询工作才有可能顺利开展。**

我们都知道，心理咨询是一种人影响人的历程，咨询关系当然也是咨询得以发挥功能的关键。但高品质的咨询关系不可能在第一次会谈中就建立起来，特别是在中小学的实务场域更是如此。

青少年孩子想找你谈，是因为他信任你、喜欢你，认为你可以像朋友般让他放心，而不是你有多专业，咨询技巧多厉害。在中小学，多的是被转介前来的非自愿个案，若在尚未建立起足够的信任关系前，就强制他们进入心理咨询中，只会让彼此都挫败不已。

这时，正是"微咨询"这个秘密武器派上用场的时刻！主动创造与学生"微咨询"的机会：在校园里有计划地"偶遇"，趁着请学生帮忙做事时聊上几句，写个小卡片给学生传递勉励与祝福……

想要建立亲和而信任的关系，有赖关系中的双方，在生活中一次又一次的相遇片刻，创造高品质的互动。"微咨询"短暂、不拘形式，却深刻真诚的互动，正是累积关系资本的最佳途径。

进行"微咨询"时，不需要展现高明的咨询技巧，你要做的只是带着一颗绝对真诚的心，保持自然专注，以及配合些许的同理与正向回应，如此就好。

珍视每个与孩子会心相遇的当下，"微咨询"的力量就此展现。

22 助人工作者一定得"做点什么"吗?

敬元是我还是一个心理助人领域的菜鸟时,接触到的一个学生。

他有着相当戏剧性的人格特质,任何人与他接触都会被刺伤;他的家庭背景混乱,也有着相当曲折离奇的故事。

导师几次转介要我协助,但我与他接触下来挫败连连,之后索性每隔一段时间,就找他来关心一下,死马当活马医,能做多少算多少,后来当然还是没能进入他的内心世界。

敬元偶尔也会来找我,但多是在抱怨别人的不是,要我去处理别人。最后再丢下一句话:"我看你们辅导老师也没多厉害!"

高三下学期,敬元在四技二专统一入学测验[1]结束后的第二天,主动来找我:"我想我准备好要接受辅导了,我想要改变,请您帮助我。"

我很讶异。

---

1 简称四技二专统测或是统测,是台湾地区高职、高中学生进入四技、二专、科技大学的检测,是大学入学方案中三大考试之一。升学管道有推荐甄选、技优入学与联合登记分发三种。由技专校院入学测验中心负责办理考试,每年各办理一次。

他接着说："其实我一直很痛苦，而我观察您三年了，我相信您有能力帮助我。"

原来，我一直被监控着啊！

我说："可是，这可能需要很长一段时间的深入谈话喔！"

"我知道，快要毕业了。如果您不介意的话，我愿意毕业后仍然每周回来找您会谈，直到暑假结束。"

我的下巴差点掉下来。过去，每次与他的互动都是挫败的，能做的也顶多是倾听、同理与摘要回应；而今，孩子却展现了极大的改变意愿。我反思着，我到底做了什么，让他愿意走上改变之路？而今，我也真正可以对他"做点什么"了吗？

如果没有"做点什么",
还算是专业的助人过程吗?

　　每次到了教师甄试的季节,常会接到许多同领域学弟学妹的求救电话,他们不约而同地提到了类似的疑惑:"考咨询演练时,在十分钟的时间内,应该怎么做?"

　　我的答案通常是:倾听、摘要、同理与肯定,同时尽可能通过系统地发问,以搜集资料,作为咨询演练后口试时对个案概念化的素材。

　　他们通常会接着问:"难道我不需要做些什么特别的,让考官可以立刻看到一些效果吗?"或者是:"如果只是倾听、同理,我好像没有做什么事……"

　　这几年督导一些实习咨询师进行个别咨询,也总有几位新手助人者会疑惑地问我:"我觉得我和个案谈了好多次,每次都只有倾听、同理和摘要对方所说的,似乎一直在闲聊。我想做点什么,却不得其门而入,这样算是在咨询吗?"

　　他们口中所谓的"做点什么",指的大概是一些有理论基础的治疗技术,例如空椅子疗法[1]、现实治疗的 WDEP[2]、

1　是由德裔美国心理学家皮尔斯(Fperls)首创的完形心理疗法,主张通过增加对自己此时此地躯体状况的知觉,认识被压抑的情绪和需求,整合人格的分裂部分,从而改善不良的适应。

2　心理医生在现实治疗法中用到的一种方法,具体是指需求(want)、行动(doing)、评估(evaluation)及计划(plan)。

REBT[1]中的非理性信念的修正等，借由这些方式，让个案有更明显的改变。

至于他们的疑问：在会谈过程中，如果只是倾听、同理与摘要，而没有"做点什么"，还算是专业的助人过程吗？我认为答案是肯定的。其实心理助人的过程并没有一定的样貌，只要会谈的形式或内容有所本，而非流于漫谈或闲聊，都称得上专业的辅导咨询。

没有改变意愿的个案族群，难有介入空间

但更核心的问题应该是，为什么在会谈过程中，助人者没有机会"做点什么"？我想，这和助人者接触的个案族群有关。

在学校里从事心理助人工作，我们所面对的青少年个案中，主动前来求助者少，大多是通过筛选被找来会谈，或是由导师转介，少数则是父母打电话来请学校辅导人员协助"矫正"孩子的偏差行为。换句话说，他们都不是自愿求助的个案，当然很难对他们"做点什么"。

许多孩子看似合作，会定期过来谈话，但话题始终围绕着生活中的琐事，进不了其内心深处，更别说产生任何的改变。为什么会如此？因为他们不觉得需要改变，不觉得改变对他们而言是重要的。

1　理性情绪疗法，由美国阿尔伯特·艾利斯 (Albert Ellis) 创立。

"改变是你们大人说的，我就姑且来谈，看你们能把我改变成什么样子。"曾有个孩子这样对我说。

个案改变的三个先决条件

辅导与咨询的方法是民主体制的展现，强调的是"自我决定，自我负责"。于是，心理助人想要有成效，便奠基在几个先决条件下：

（一）助人者与个案之间要保持良好关系

也就是说，个案能充分信任助人者，感受到自己被理解，并相信助人者有能力帮助自己。

（二）个案要有主动改变的意愿

个案知道自己正面临困扰，需要改变现状，而且也希望脱离困境，让自己的生活有所不同。如此助人者才有施展助人技巧的空间。而人往往都是在痛苦到极点的时候，才会有求助的意愿。

（三）个案要有足够程度的心理能量

改变需要蓄积一定的能量，许多人嘴巴说着想改变，却心有余而力不足，或者正处在习得无助感之下。如此的话，改变仍然不会发生。

回顾我们在学校里服务的个案，有多少人符合上述三个改变

的先决条件？我想是凤毛麟角吧！然而，难道我们就可以把这些
毫无改变条件，却已被评估有心理危机的个案统统请回吗？当然
不是。

三年的等待，具足改变的条件

回到敬元的故事。回顾三年来与他的互动，尽管每次会谈中，
与他的关系都是紧张的，但我仍坚持倾听、摘要和同理，甚至多
方鼓励及肯定。或许就是这样，点点滴滴地累积起良好助人关系
的资本。而良好的关系，是生活中每个片刻的高品质互动所逐渐
建立起来的。

敬元知道自己是痛苦的，他能觉察到自己正在受苦，只是总
认为是别人的问题，自己不需要做出任何调整。就算知道自己或
许应该改变，也认为怎么做都没有用。而在高三毕业前夕，随着
学校课程与统测大考的结束，他有更多的时间思索与处理自己的
问题，也有了较多的心理能量。于是，他才来找我，并要求毕业
后继续固定会谈直到暑假结束。

在这个案例中，敬元需要花三年的时间去观察，以对助人者
产生信任感，并逐渐蓄积起改变的心理能量，进而踏上改变之路。
而真正的冒险之旅也才要展开。由此来看，我们在面对非自愿求
助的个案时，非得要立刻"做点什么"才行吗？

改变的时机未到，
想"做点什么"常是缘木求鱼

我们所接触的青少年孩子，有着很年轻的生命。一些个案在生命中的创伤，让他们开始出现危机警讯，逐渐影响学业与人际关系等生活各层面。大人担心，若不积极处理，对未来可能产生更深的负面影响。但孩子并未到痛苦难耐的地步，认为还可以撑，因此即使大人想帮忙，也常会吃闭门羹。

有许多青年时即出现心理困扰的个案，都要等到成年后，工作、婚姻或家庭生活出现严重危机时，才会意识到不主动求助、寻求改变是不行的。

有另一类孩子，在生命正该璀璨闪耀、绽放光彩的时候，却罹患了精神疾病。严重的精神症状彻底摧毁了个人的心理能量，几乎到了只能仰赖药物而无法接受咨询的地步。此时，即便他们心里想着要改变，也充满无力感。

每次参加一些价格昂贵工作坊，看着台上的大师在短时间内成功地表演治疗现场个案，听现场个案诉说自己经历着神奇改变的体验，当下的我们只能对大师的功力佩服得五体投地。

然而仔细想想，除了大师的功力深厚外，个案能够快速改变的原因，还在于那些在现场自愿上台接受治疗的观众，往往已经对大师有着相当的信任度（来自于对专业权威的信任），同时有着强烈、够坚决的改变意愿（很多人参加工作坊是想疗愈自己长年的痛苦），以及足够的心理能量（心理能量不足可能会躲在家里，而无法来参加工作坊）。

最基本的会谈技巧，
正是让改变的条件加速具足的力量

回到咨询辅导的实务现场，与青少年孩子会谈时，我们无法期待他们来到我们面前时就具备了改变的条件。这些条件往往需要时间酝酿，而一等可能就是好几年，直到孩子毕业后说不定还未具足。然而，我们持续地在会谈中倾听、摘要、同理或正向回应，都可能加速这段酝酿的过程。

 身为实务工作者，如果真心诚意且系统化地进行倾听、摘要、同理与正向回应，一次又一次，即使没有展现什么"厉害的招式"，这些最基本的会谈技巧，本身就已是在"做点什么"了！

23 在真实的生活中了解自己
——心理测验的迷思

曾经有几个高三学生跑来我面前，问我有没有可以帮助了解自我的心理测验，例如知道未来适合从事什么职业，或是检测自己的个性等。

"这三年来，学校不是帮你们做过好几个心理测验？老师都有到班上向你们说明结果，还记得吧？！"

孩子们搔搔头，一副没发生过这回事的样子。我试着帮助他们恢复记忆，举了几个曾经做过的心理测验。我说："你们考试太多了，忘记曾经做过哪些心理测验没关系，至少记得我有去班上跟你们胡说八道吧！"每一次心理测验结果出来后，我都会安排时间去班上，向同学们说明分数的意义及测验结果的运用。

"啊！对对对！老师你太好笑了，害我们都忘记做了什么心理测验了！哈哈哈……"几个孩子发出铃铛般的笑声。

都怪我在课堂上讲太多笑话，被学生当成谐星了。

话锋一转，其中一位孩子说："唉哟，老师，之前做的那些又不准！有没有别的可以做？"

"为什么觉得不准呢？"我好奇地问。

"像是人格测验，我明明就不是那种个性，做出来却是那样，怎么会准？"另一位同学也接着说："对啊！还有兴趣测验，我觉得我应该不是这种兴趣类型吧！"

任何心理测验确实都有误差存在，但通过标准化程序编制而成的心理测验，有一定的准确度。只要运用得当，在学生的自我探索上具有相当高的参考价值。

我想了一下，回答："那么，你们应该不需要再做其他的心理测验了！"

"为什么？"几个孩子异口同声地大叫。

"你们都可以说得出不准的地方，很清楚自己的实际状况与测验结果的差异，表示你们对自己已十分了解，何必还要用其他心理测验再验证一次呢？"

孩子们面面相觑，没话说了。我接着说："你们太高估心理测验的能耐了，把它当成很厉害的东西，好像灯塔一样，在茫茫大海中帮你指点明路；又把它当算命一般，好像算出来如何，你的命运就要照着走。"

心理测验是在评估我们对自己了解的程度

现在的初中、高中学校都会为学生安排各种心理测验，目的在于帮助学生了解自己的学习潜能、人格特质、兴趣或职业发展方向。

心理测验的实施具有评估、诊断、筛选、分类及自我了解等功能。在校园中对学生普遍实施的心理测验，大部分都是作为自我探索的用途。通过标准化的心理测验，孩子们能增加对自己各方面的了解，掌握自己的优势与潜能，借以规划人生。

不过，如果过度依赖心理测验，则可能造成标签化效应，使孩子失去弹性，而不愿再继续探索或发现其他的可能性。

事实上，心理测验的结果只是一种参考。对已经足够了解自己的人来说，是一种佐证；对不够了解自己的人来说，则是一种新的发现，接着还是得靠自己在生活中的观察来比对，印证是否真如测验结果所说的那样。

如果说学校的考试，是在测验你对书本知识的理解程度；那么心理测验，则是在测验你对自己的理解程度。

想要更真切地自我了解，最好的途径就是在每日生活中做自我观察。观察自己面对人、事、物时特定的行为模式，尤其是因应困难时，自己一贯的反应形态。特别在人际关系中，是最能看到自己真实面貌的时机。

在人际关系中，观察我们对问题的因应模式

我想起一个有趣的对话经验。三个孩子来找我谈，他们告诉我，他们和班上某同学从高一起就是黏在一起的好朋友，但那位同学最近的风评很不好，班上同学都看他不顺眼，没想到最后他们三个也遭受池鱼之殃，天下乌鸦一般黑，连带受到其他同学的冷言冷语。

听完孩子们你一言我一语的抱怨后，我看了看他们，说："我知道你们感到很无辜。你们来找我，就是希望情况能有改善。告诉我，你们期待什么？"

三个人静默了一会儿。A同学先说："我希望班上同学不要再这样说我们了！"

"如果是这样，你们可以试着回应、解释，但是嘴巴长在他们脸上，要怎么说，你们也控制不了吧？"我这么说。

B同学接着说："我觉得，还是远离那个人好了，跟他划清界限，用行动让别人知道我们不是一伙儿的。反正我也没有很喜欢他……"

我点点头，然后看向一直默默不语的C同学，示意他说点话。C同学缓缓地开口："我觉得，别理他们就好了，我不会很在意他们说什么啦！爱说就说，对我来讲也没差！"

三个人遇到相同的状况，似乎有同样的困扰，但是内心的期待却不同，连带着因应问题的方式也不同。

在人际关系中，最能看出一个人的真实性格。面对同样的困境，不同的人有着不同的反应模式，呈现出来的是一个人独特的内在思维，这些和从小到大的成长经验息息相关。

我们通常在真实的人际互动中认识自己，越是挫败的人际经验，越能引发我们去觉察自己、反思自己究竟怎么了。越往深处探，越能看见自己内心的恐惧、忧虑、嫉妒、愤怒、无助、自卑或高傲。

所以，走进人群，敞开心，你往往能获得最真实的回馈。无论是由他人直接告诉你，还是来自内心的声音，都能帮助你更认识自己。接着，你会更懂得调整自己，做个灵活有弹性的人。

唯有亲身体验，才会知道是否真的适合自己

孩子会极度渴望认识自己的时机，常是在面临转科、选组或填写大学专业等人生决定时。由于不够认识自己，又期待将自己放到一个符合个人兴趣与潜力的环境或领域中，因此亟须寻找一些客观的数据，来帮助自己做决定。

而很多时候，尽管心理测验的结果摆在眼前，孩子仍然下不了决定。事实上，**究竟哪些学术或工作领域适合我们，确实是难以预测的，大多数情况下还是得通过实际接触该领域的人、事、物之后，才可能找到答案。**

因此，我常鼓励还没面临人生抉择压力的孩子，积极通过参与各领域课外活动或大量阅读，以实际的体验来增加对自己的了解。而对于那些抉择已迫在眉睫却仍感茫然的孩子，我则鼓励他们，如果对某些领域不是太感排斥，就去试试看吧！

唯有在真实世界中尝试过后才会知道结果；适合自己的就继续，不适合的大不了换跑道。追求理想人生，永远不嫌晚。

光凭心理测验结果来定义是危险的

心理测验的结果提供我们一些文字或数字，来描述个人的心理潜质；通过文字与数字的表述，我们有了思索自我的通道，而不会对自己的行为模式掌握不清。然而，文字与数字是有局限的，尽信这些"标签"，反而限制了我们探索自身更多可能性的空间。

一个不愿在生活中自我观察、反思，而仅凭任何心理测验结果来定义自己的人是危险的。心理测验帮助我们看到更深层的自己，但不代表我们要全盘相信，它只是引发我们更深入的思考。最终，你还是得抛下这些文字描述，敞开你的心，从实际生活中去认识这个不断变动的你。

 在每日生活中进行自我观察，从人际交往中认识更真实的自己。

24 刚刚好的陪伴

她是社工系大三学生，高中时期在我这里接受长期的咨询辅导。

她毕业后，我们断断续续有些联系。前阵子，她写了封 e-mail 给我，告诉我她准备到社福机构实习，正在撰写实习计划，希望我帮她看一下草稿。

我点开电子档，从她的自传读起。

"我出生在一个家暴的家庭，自有记忆以来就时常目睹父亲酗酒后对母亲施暴，我生活在恐惧之中。青少年时期的我，愤世嫉俗，用叛逆来伪装坚强。我让母亲失望，爱玩晚归，结交狐朋狗友，又在爱情中一次次地受伤。我痛恨我的原生家庭，我曾在手腕上割下一道又一道的伤痕，希望身体的痛能盖过心里的伤。

"后来，父亲酗酒、吸毒、入狱，接着过世，母亲独自撑起家庭经济重担。我仍然不喜欢回家，即使高中学习压力大，我把所有课余的时间拿去打工，弄到身体不堪负荷，频频生病……"

读到这里，我回想起，孩子当时因为失恋，疑似与好姐妹一同去喝酒浇愁，还向朋友透露想死的念头，被老师转介到我这里。

第一次与她碰面时，她谈起受伤的感情，放声大哭；只是，外表仍显刚硬，她好强地向我打包票："放心，我没那么傻，不会自杀的！"

后来，她成了辅导处的常客，总是主动前来要求谈话。同时，她也加入了辅导志愿者的行列，协助学弟学妹学习。

高三，四技二专统一入学测验考完后，学校所有的课程都结束了，距离毕业还有一段时间。她三不五时到辅导处帮忙，打杂、跑腿、聊天、讲笑话，有她在的日子，办公室显得特别热闹。她说很喜欢辅导处的氛围，实际上，她一直在观察我们这些从事助人服务的老师，究竟在做些什么。

我继续读信："高中时，我遇到了人生中的贵人——我的辅导老师。一开始，我有点讨厌他，但后来，在他的开导之下，我变得乐观积极，也能体会母亲的辛劳。在他的影响下，我不再埋怨自己的出身，反而想投入助人的行列。于是，我高中毕业后，选择就读社工系。"

什么？人生中的贵人！

我试图回想，在与她相处的两年多时光里，我到底对她做了些什么？何德何能成为她生命中的贵人？

而令我感列惊恐的是，即使我们非常熟，互动频繁，我对她的家庭背景与成长经历竟一无所知，甚至也不曾注意过她手上的割痕。直到她毕业三年后的此刻，才在电脑前读到她眼中不堪的过往。

　　的确，在会谈中，她总是对自己的家庭与成长经历轻描淡写地带过，而我也没特别深入探问。我从来没有和她深谈过家庭议题，也从来没有要她体谅母亲、乐观积极。

　　以这个角度来看，我根本不算是个称职的心理助人者。所以"贵人"，究竟是怎么一回事？

　　当时，她还在高中校园。我记得，幸运之神似乎总不愿站在她那一边。四技二专统一入学测验的两天，她适逢生理期，抱着极度不适的身体进考场，结果当然是一塌糊涂。

　　考完后第二天，她冲到我这里，自己搬了张凳子，在办公桌的一角挪了个空间，趴在桌上啜泣起来。她只是一直哭、一直哭，什么都不讲。

　　"因为考试不理想，觉得很难过吗？"我试着问。她趴着点点头，仍然一直哭泣。

　　"你想聊聊吗？"我再问，她趴着摇摇头。

　　"好，那想聊聊的话再跟我说。"我在她身边放了一包卫生纸，转头继续做我的事情。

　　大约半个小时后，她抬起头，擦擦眼泪，站起身来。我转过头看着她："现在感觉如何？""嗯！好多了！"她说。我问她是否想谈谈，她带着浅浅的微笑说不用，就离开辅导处了。

这是她自我疗伤的仪式。好几次遇到重大打击，她都来到我的座位，搬张凳子，把我挤开，趴着放声哭泣一会儿。她不需要我对她说什么，不需要任何互动，似乎只要找个安全的地方，有人陪着就好。当她离开时，我知道她仍然伤心，但似乎找到了一些力量，足以继续往前走。

而我，除了放包卫生纸，什么都没做。

后来，她告诉我，她当时需要的就只是这样。她感谢我的尊重，以及没有强迫她非得开口谈些什么。

这是我从个案身上学到的重要一课："提供当下个案最需要的协助就好。"

这是一份对另一个生命的尊重：相信一个人自有其坚强与韧性。当事人本身最清楚自己当下的状态与需求，自有一套因应困境与自我修复的方式。

我知道，她的内心仍有重重的伤口需要处理——或许是她与原生家庭的关系，或许是她在亲密情感中一再重蹈的行为模式，以及其他足以影响她一生发展的种种议题……都有待她自己进一步探究，踏上疗愈之路。

但是，并不急着现在就要带着她剖开陈年伤口，清除坏死组织。

带着伤，我们仍有力量往前走。我们一直都是如此，不是吗？

也许有那么一天，当她感觉足够强壮，也准备好了，又或者在某些契机之下，她觉知到那些过去的创伤隐隐影响着自己的思考、情感与行为模式时，她就会走向疗愈之路。届时，将会有另一位人生中的贵人出现，我只要放心地交棒即可。

我写完这篇文章之后，传给这孩子看，请她给我一点回应。

她回应的文字激励了我，让我了解我对她所做的事，在什么地方帮助了她。我想起存在主义心理治疗大师欧文·亚隆（Irvin D. Yalom）在《日益亲近：心理治疗师与来访者的心灵对话》（*Everyday Gets Little Closer:A Twice-Told Therapy*）一书中，提到他与一位作家病人，透过书写核对疗效的经过。

以下是孩子读了文章后给我的回应。在征得她的同意，并经过适当改写她的故事后，我将文章连同她的回应，发表并分享给需要的人：

的确，我是一个极度没有安全感的人。

起初我一点都不想被看懂，也不想被理解，觉得这世上根本没有一个人可以完全地了解另一个人。而事实上，我连自己究竟想要什么，也无从得知。

但其实，我想要的只是一份陪伴。

一个小小的愿望一直在我的心中，始终无法实现。小时候我们姐弟俩，眼睁睁地看着父母上演武打剧场景，却没有导演会喊停。没有父母疼爱的我们，常常有一餐没一餐地窝在角落吃泡面。

直到我遇见你，我开始觉得眼前这个人给了一份所谓的安全感，尊重我的方式，包容我所有的情绪，好似一位父亲（读到大学才懂，原来这是一种"情感转移"）。

也因为这份尊重及包容，几次会谈中，我觉得自己在慢慢转变，不管心态上，还是行为上，开始想为自己负责。即便你没做什么，却还是成为我生命中的贵人。

也许因为曾受过伤，在疗伤的过程中，让我更确定了想助人的心，因此选择"社工系"。懵懵懂懂的我进到这个场子里，从头开始吸收新知，也常常利用空闲时间担任志愿者，接触不同领域的人。

最让我印象深刻的是一个我陪伴了快一年的女孩子。过程中，我好像看见了以往的自己——一个把自己关在心里，不愿与人亲近的孩子。好几次我想靠近她，却觉得离她好远好远，我不知道我可以为她做些什么，让她快乐起来。

我想起高中时期的我，也常挤在你办公桌的一角，坐在板凳上一语不发，只是静静地流着泪。

女孩喜欢荡秋千，我每次家访时，都会和她一起去附近公园荡秋千，静静地陪着她。她想说时我才听，不刻意地问，我想这就是你教会我的"尊重"。我绝不是最完美的社工，但我绝对是最佳的陪伴员，我总是这么鼓励自己，保持我那想助人的初衷。

大学三年里，学习了各种不同的专业，内心对于目睹儿（目睹家庭暴力儿童）、受暴妇女仍多了一份心疼，因此实习时，我选择的机构为"保护服务科"。我不知道幸运之神这次会不会选择站在我这边，但我已经可以大声地说："我准备好了！"

我很开心，有个人能这么懂我，并把我的过往写成故事。我一直相信，是人影响人的过程让人愿意改变，相信我的故事可以让人与人更靠近一点；希望能戳中你的内心，并且得到一些抚慰。

　　相信生命的坚强与韧性，提供他们需要的帮助就好。

Part IV
那些从孩子身上
学到的事

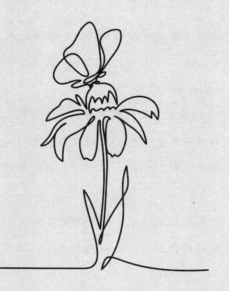

大人也曾是受伤的孩子。

谢谢你们,

让我们开始正视那些在成长过程中所受的伤,

让它们不再传递下去。

25 是帮助孩子，还是帮助你自己？

学期末，陆续与一些长期个案进行结案会谈，好让孩子们准备期末考，并迎接假期到来。在咨询室中，我正与一位谈了半学期的个案，讨论本学期暂时结束咨询的事。

"这学期，我们固定见面讨论了几周，我观察到，一开始你的状况不是很好，现在已逐渐稳定下来，也越来越能自在地面对班上同学。而接下来就是期末考，我们的会谈可以在这里暂时告一个段落，你觉得如何？"

坐在我对面的女孩，原本轻松的表情，顿时凝重了起来，低下头，沉默不语，泪水从脸庞两侧滑下。我问她怎么了，她只是摇摇头，一句话也不说。

她当初来找我谈的是人际关系上的困扰，这是高中生常见的议题——觉得不受欢迎、被排挤、没朋友、缺乏归属感等。在一次班级的冲突事件之后，她难以面对同学，不想去班上上课，还起了休学的念头，于是被导师转介给我。

一开始，她的情绪状态极不稳定，我们每周见面会谈两次，渐渐地变成一周一次。我观察到她的神情，从低落、紧绷逐渐转为自在、放松，甚至有了些笑容。虽然还是常低着头，但我知道她的内在力量逐渐恢复，足以靠自己面对与同侪相处的压力。

"当我说我们可以结束会谈时，你的神情就变了，又突然间哭了起来。可以告诉我怎么了吗？"在咨询中，探究此时此刻发生的事相当重要，我试图厘清现在的状况，而女孩就是低头不语。

"这孩子，会不会对我产生了依赖？"我心里思索着。

我记得自己还是个新手助人者时，前辈及教科书上都常提到，要小心处理个案对助人者的依赖。"该不会是我疏忽了，没处理好吧？"加上她的困扰焦点是人际互动议题，也一直有着不安全依附的特征……想到这里，我内心不由得焦虑了起来。

另一方面，我感到有些雀跃。个案若对我产生依赖，代表我对她而言是个重要的人；在长期陪伴的过程中，我对她一定是有帮助的。当知道自己是被需要的时，一股虚荣感油然而生。

"被需要"是一个鲜美的毒苹果，可口却又充满陷阱。**助人工**

作者常在无意间通过与个案的互动，满足自己被需要的需求，甚至享受着被崇拜、依赖的感觉。等到自我价值无限膨胀，膨胀到遮蔽了自己的眼睛，不仅会看不到个案的需要，更忘记了需要被帮助的，其实是眼前那个受苦中的人。

回到眼前低头不语的孩子身上，我得弄清楚她现在怎么了。既然她不说话，我便拿出"百变情绪卡"，请她指认出自己目前的情绪状态，她选出了"孤单""受伤"和"害怕"三张情绪卡。

孤单、受伤、害怕……

会不会，因为我提议要结束咨询，让她觉得自己仿佛被遗弃了，因而感到受伤？当一个值得信任与依赖的助人者要弃她而去时，她心里出现了"我终究还是一个人"的孤独感；同时想到得独自面对这个没有自己容身之处的世界，心中满是恐惧？

当我默默地揣摩她内心的小剧场时，她抬起头，说话了："我还是没办法面对课堂上分组活动这件事……"我疑惑了，接着问："可以多说一点吗？"

"没来这里谈话，我就得去上体育课。体育课要分组活动，我怕没人要跟我同一组……"我想起来了，这孩子总是挑体育课的时段来谈，我一直不疑有他；而害怕分组落单这件事，也是我们曾经讨论过的话题。

原来，孩子的"孤单""受伤"与"害怕"是来自对课堂中分组时可能落单的担心；来找我会谈，只是她用来逃避分组活动的方式。

　　孩子听到不能继续来谈而伤心落泪，或许根本和对我产生依赖与否无关，只是单纯发现不能再以来接受辅导的名义，逃离分组活动可能落单的窘境。

　　短短十几分钟，我的心情像洗三温暖，也像坐了一道云霄飞车。从担心没有处理好个案的依赖议题，到因感到被需要而出现膨胀的自我价值感，最终发现，这一切其实和自己似乎没太大关联。

　　搞了半天，我被打回现实——孩子还得继续被协助，而我也没有自己想象的那么重要。

　　心理助人的过程中，孩子往往是我最好的老师。他们总是帮助我更透彻地认清自己的面貌。而今天，我的个案又帮我上了一课。她让我知道，有一个人正在扮演无所不能的救赎者，内心却是自卑又空虚；而这个人，同时带着跛脚的模样，一点一滴从事着助人工作。

助人，究竟是谁的需求？

　　记得曾在演讲中分享自己的助人历程，一位听众举手发问。她提到，自己曾遇到过很想帮助别人，却难以使力的经验，不知道怎么办才好。

　　我问："那么，你都怎么做？"

　　她说："我会一直引导对方从不同角度去思考问题，但他就是跳不出来，而且一直听不进我提供的观点。"

　　"此刻，你的感觉是什么？"

　　"我感到很无力、很沮丧。"

　　"我大胆猜测，是不是有一种自己不被重视、不被需要的感觉？"

　　她沉默思索了一会儿，点点头说："好像是这样。"

　　当我们很想帮助一个人，却怎样都没办法让对方接受我们的观点时，常会感到灰心沮丧。此刻，冲击到的常是自我价值感。于是，我们常为了证明自己在关系中的重要性与影响力，便试图用更大的力量去介入他人的课题，说服他人接受自己的观点。

　　然而，这样的方式容易在无形中失去对他人的尊重。此刻，对方需要的也许不是更多的意见，也许只是需要有人陪伴、倾听，抑或是能一同讨论就好。但我们内心深处"被需要"的需求，却可能让我们在无意间，在关系中侵犯了他人的界限。

　　我们必须时常反思的是，在助人的过程中，我们究竟是把对方的利益放在最重要的位置去照顾，还是不自觉地把自己放到了对方的前面，试图通过帮助别人来证明自己的能耐与重要性？

　　究竟，心理助人工作，是在疗愈别人，还是疗愈自己？

没那么重要，却举足轻重

回到前面的案例。老实说，知道实情后，我的心中出现了不小的失落感。我发现，原来自己没有想象中如此被孩子需要。孩子真正需要的，只是一个能逃离分组落单情境的空间。

当我更进一步去探究，自己是如何因应这份失落情绪的，才惊觉，失落感袭来时，我竟不自觉地自我贬抑："原来我对她一点帮助都没有。"这让我感觉更糟了。

事实上，我不应该就此全盘否定自己。**即便我没能帮上孩子，也无损我存在于这世上的价值。因为，人生来就是有价值的——这是我对于个体存在的信念；适用于孩子，当然也适用于我自己。**

一旦一个人的自我价值建立在是否能帮上他人时，助人者很容易把自己的需求，放到个案的需求前面，而忘了真正需要被帮助的，其实是个案；也很容易因为个案的些许改变、进步与正向回馈，或因为感受到被个案需要，而过度自我膨胀，忘了眼前的生命，才是真正该关注的焦点。

在家人或伴侣等关系中，也是一样的。许多家长常为了证明自己是个够资格的父亲或母亲，倾尽全力为孩子付出，却忽略了孩子真正的需要；以为付出的爱是为了孩子好，却让孩子感到自己的人生被操控。于是父母抓得越紧，孩子逃得越远，到头来两败俱伤。

也常见亲密伴侣的一方，为了对方付出一切，只求在对方心中拥有地位，借以证明自己存在的价值。这样的爱是盲目的，是自私的，而且只会让对方在关系中感到窒息，因而想逃离，最终再度验证了自己是不被爱的。

在任何关系中，只要能够为对方做点事，都能获得成就感，"利他"是一种生命意义的体现。然而，人一生下来就有其价值与重要性，不需通过牺牲、付出或帮助别人，才能证明自己足够重要。自我价值，无须证明，因为不证自明。

> 回想看看，你是否有哪段关系的付出，是为了证明自己"被需要"？

26 从陌生到熟悉

某一年，初中教育会考的作文题目是"从陌生到熟悉"，让我想起生活中一些值得思索的议题。

高中毕业后，我就到外地求学、工作，回家与父母相处的时间越来越少。每次回家见到双亲，常有一种既熟悉又陌生的矛盾感觉。

熟悉的是，父母对孩子流露的眼神，是从小到大没变过的；陌生的是，由于少了共同的生活经验，一时间彼此搭不上话，能聊的也只是表浅的日常琐事：谁家的孩子最近结婚了，哪个远亲最近过世了，最近出去玩发生了哪些新鲜事，小区的里长最近有什么新构想等。

回家时，我在适应与父母一同生活的时光，父母也在适应家里有我的日常。因为与父母间的联结一直存在，即使陌生，也能在短时间内逐渐熟悉起来。然而，每当熟悉的感觉回来时，又是要离家的时候了。

于是，对于父母的熟悉与陌生，总在来来回回间摆荡着。

我想，不只是我，这种感觉也许是出门在外的游子共同的心情吧。

在这个过程中，始终保持"联结"是相当重要的。天天见面的人，我们不一定熟悉，因为彼此间少了一份深刻的联结；不常见面的人，我们却能掏心掏肺，因为那份联结存在于彼此之间。

从陌生到熟悉，助人工作的必要过程

对于助人工作者而言，时常需要经历"从陌生到熟悉"的过程，指的就是"建立关系"——不只是自然的过程，还得是刻意加速的过程。

从助人者的角度来看，我得在短时间内认识你、理解你、接近你，才有机会提供你适切的协助。而有效助人的关键，就是建立起高品质的人际关系，让当事人有着信任、安全、温暖与受支持的人际经验。

所以，每个助人工作者，都需要具备催化与来访者之间"从陌生到熟悉"的能力；助人者接受种种助人技巧训练的目的之一，即是如何更快、更有效率地让来访者对助人者感到熟悉。

"见面三分情""有关系就没关系，没关系就有关系"……这些话都说明了熟悉的重要与影响力。然而，我常揣摩着，来访者对于助人者的"熟悉"，究竟是怎样的感觉？

助人者是个可以信任的陌生人

从来访者的角度来看，说穿了，助人者怎么说都是个陌生人；然而，是个可以信任的陌生人。随着每一次的会谈，尽管会面时间不多，熟悉感渐渐增加，越来越能对助人者敞开心房、吐露心事。

只是，对来访者而言，助人者仍然是个陌生人。

为什么？因为来访者对于助人者，事实上是一无所知的。我不知道你的喜好、你的出身、你的背景、你的生活经验、你的思维与价值观……每当来访者想多知道助人者一点，就会被带回来访者自己的议题上。多么不平等的人际互动啊！这却也是助人关系的特色之一。

只是，这位陌生人，很愿意倾听我的故事，很愿意贴近我的内在世界，很愿意陪伴我走过一段艰困的时光，甚至很能理解我的情绪与想法。这是在我的人际经验中，从那些熟悉的人们身上得不到的。

所以，助人者营造的，是一种看似熟悉的氛围，是让来访者感到被积极关怀与真切贴近的态度——这正是一份"联结"的感觉。

亲子是最熟悉的陌生人？

许多家长会发现，孩子进入青春期后像变了一个人，自己似乎越来越不认识这个朝夕相处的孩子了。

长期从事青少年辅导与咨询工作，其实家长不知道的是，在会谈室里，许多青少年孩子也抱怨越来越难以接近父母，无法理解父母在想什么。

于是，亲子间成了最熟悉的陌生人。关系恶劣的，不是每天处在剑拔弩张之中，就是相敬如"冰"。

其实，青少年孩子与父母之间的关系趋于疏远，是正常的过程。孩子长大了，开始有自己的观点与思考方式，甚至会用叛逆来证明自己的存在价值。而父母带着长久以来既有的印象与孩子互动，没想到孩子一夕之间长大了，还来不及调适心情，就已经认不得这张熟悉脸孔的内心世界长的是什么模样。

重新找回熟悉的感觉

与青少年孩子及家长工作时，常需要为彼此破冰，目标是让亲子之间重新找回热悉的感觉。

对于孩子，我得引导他们重新理解父母，包括父母的成长背景、思考脉络、付出与局限；带着新的眼光去深刻理解父母，往往能让孩子有更大的意愿去接受父母。

对于家长，我得引导他们看见孩子的转变，有不同于以往的价值观与行为模式；更重要的是，努力营造一个让孩子感到被积极关怀与真切贴近的态度，带着这样的心情来进行有效的沟通。

这正是帮助彼此重新"从陌生到熟悉"的过程。而前提是，我必须先与双方"从陌生到熟悉"，也就是都须先建立起关系联结。

关系的品质，胜于相处的时间

从陌生到熟悉，重要的不是见面的次数、频率或时间长短，而是关系的品质。也就是彼此之间是否存在一份深刻的联结。

那份联结，是一种想去关心、理解与陪伴对方的意愿，是一种知道对方对我们有着重要意义的体悟，是一种能不带成见而全然接纳与支持的态度。

美国人本心理学大师卡尔·罗杰斯（Carl Rogers）强调，在助人关系中助人者应有的三个基本态度：

☑真诚一致（Congruency）

☑无条件积极关注（Unconditional Posiive regard）

☑同理心（Empathy）

这也是催化关系联结的核心，适用所有关系；当联结存在时，无论是"从陌生到熟悉"还是"重新从陌生到熟悉"，都是做得到的！相反，若是少了这份联结，即使是枕边人，也依然陌生。

传递尊重的过程

有人说，青少年是个很难与其展开对话的族群。对很多大人来说是如此，但对我来说，我倒认为青少年孩子是很好聊的。**此时期的孩子，极度渴望被理解，只要你不带着批判的态度，孩子会愿意对你掏心掏肺的。**

另一方面，**其实青少年孩子随时在观察你。你如何对待他们，他们就如何回报你。**当你愿意带着尊重的心与他们互动，肯定他们的价值，他们就会敞开内心世界让你进入。青少年孩子很敏感、精明，也很单纯，他们分得清楚哪些大人是真心诚意，而哪些大人虚伪做作。在他们面前，你骗不了他们，因为他们是如此真诚一致。

我从和青少年孩子的互动中，深刻学习到什么叫作尊重。即使对方的年纪远小于自己，也用心地与他们互动。当你把任何一个生命个体都看作是重要的存在，并肯定其价值，你就传递了一份尊重。

从陌生到熟悉，是一段传递尊重的过程。传递足够的尊重，才能谦卑地理解，放下身段贴近。此时你会发现，孩子内心世界的大门，永远是敞开的。

27 慢慢来，比较快！

白雪老师是我相当喜爱的一位教育工作者，温暖、亲切、和蔼的外表下，有着满满的爱心与丰富的人生智慧。

白雪老师是个退休的初中教师，她曾在演讲中提列，几个月前才毕业的学生，当时还是牛鬼蛇神的半兽人样貌，过了一个暑假，升上高中，突然间变成熟了，彬彬有礼，稳重谦和。

"真是吓死我了！"白雪老师这么形容，"而且还时常碰到这种事！"

学生的高中老师称赞白雪老师在初中就把学生教得很好，白雪老师则纳闷地觉得高中老师才是有神奇魔法的人，可以让学生整个人"改头换面"。

"我都差点认不出来了！"她夸张地说。

听着教育前辈幽默诙谐的分享，我印象深刻，但当时仍年轻的我，难以体会个中涵义。

直到最近几年，一届又一届的学生毕业上了大学，偶尔回来探视我，这才惊觉，白雪老师的夸张说法不是没有道理。前阵子还搞不清楚状况的孩子，半年、一年不见，说出来的话便掷地有声、颇有见解，令人耳目一新！

我很喜欢听孩子回来分享他们在大学里的故事，也常好奇地问："我觉得你们长大好多喔！是什么让你们在短时间内变得更成熟了？"

"有吗？有很大的不同吗？"孩子们耸耸肩，笑着说，"不知道哦！我们就是这样每天跟着大家过日子罢了！"

真是见鬼了！在平淡无奇中，孩子们就不知不觉地改变了。

我想起了几个个案。他们高中时，因为各种原因有着情绪上的困扰，我一周一次地与他们会谈，陪他们走过三年。这些孩子直到毕业前，仍难以露出一丝微笑；但是再不放心，我也得祝福他们，送他们走出校门，展开大学生活。

过了一个学期再见面，只见孩子们脸上带着光彩，充满朝气与热情。话匣子一打开，滔滔不绝地说着大学生活趣事，与半年前那些整日愁容满面，说起话来就一把鼻涕一把眼泪的小鬼相比，真是判若两人。

这到底是怎么回事？

改变，常在不知不觉间

与你朝夕相处的人，一天到晚见面，你不容易察觉他的变化；若隔一阵子没见，差异就显现出来了。就如同许多父母都觉得，别人的孩子长大得特别快一样。

所以当老师的人，因为不容易看到每天相处的孩子的成熟与转变，也不容易给出赞美与肯定，变得只看见缺点与偏差之处，因此数落总比褒扬来得多。

即使如此，仍不足以解释何以短短几个月没见，孩子就出现"脱胎换骨"的奇迹现象。

新的环境，新的气象，新的可能

会不会是新的环境让人快速成长了？无论从小学到初中，从初中到高中，从高中到大学……在新的环境中，有了新的身份认同，也会出现新的自我期许，自然展现出符合该阶段该有的典型行为。

在新的环境中，有着各种新的刺激，同侪、老师、学习内容、软硬件设施、文化氛围……都能将人们催化出一番新的气象。

许多孩子在高中阶段总是闷闷不乐、眉头深锁，上了大学却变得十分开朗。或许是因为，大学多了更多自主的空间，少了家庭的束缚及高中时沉重的学习压力。那些"不得不"不再如影随形，取而代之的是自由的空气与对自我的掌控感。

一个环境的转变，让许多原有的"症头"都改善了！足见环境对人的影响之深。难怪孟母要三迁，择邻而居，实在不无道理。

改变的发生，刚好是时间到了？

改变，也许是观察者的错觉，也许是环境的影响。但会不会，最大的推手，其实只是时间？那些改变的发生，就是时间到了而已，不多也不少，刚刚好而已。

时间把一个人从幼稚带向成熟，也把一个人从强壮带向衰老与死亡。在这段自然发生的过程中，我们能做的，只是尽可能增加正向或负向的影响因子。

或许，几年来在辅导与咨询上的努力，常未能见到孩子在情绪或行为上的进展，不是这些努力没有用，只是时间未到。这些生命中的养分，都已被孩子们一点一滴地吸收了，就待时机成熟。或许在新环境中，或许当有了新的机会，或许，就是在莫名其妙间，改变就这么发生了！

在时间的面前，我们都得谦卑地臣服。

臣服于时间的力量
——慢慢来，真的比较快！

然而，最无力的莫过于长期不断地付出，却仍未见成效。孩子们的问题行为依旧，徘徊在无止境的困境之中。因此，**耐心地等待是必要的，甚至必须有着"也许改变发生的那一天，我并不会亲眼目睹这一切"的心理准备。**

冰冻三尺非一日之寒，孩子出现问题行为或身陷困境，绝非一朝一夕造成的。许多孩子自幼成长在极度不利身心发展的家庭环境中，成长路上一再遭遇挫败，身上累积了大大小小的创伤，哪是学校老师几个月或半年的悉心照顾，就能为其带来完全疗愈的呢？即使孩子的行为表现有了起色，在某些因素下再度被打回原形，也是常有的事。

不过，这并不代表孩子周遭老师所付出的关怀是白费苦心。因为，所有的心理创伤都需要在一段长期、有意义、安全且稳固的人际关系中被疗愈。老师为孩子建立起一段有别于过去的温暖关系，让孩子体验到被肯定、被支持与被接纳的经验，这点点滴滴都会化成他们的心理养分。即使看不到立即成效，只要方向是对的，就要持续去做。

由于逐渐体会了这个现象，对于处在困境中的孩子，我开始懂得等待。过去，当孩子出现状况时，我会和家长一样着急，心急如焚地给出各种建议，要家长积极做点什么；而现在，我会在与家长谈完后，多加上一句话：

"别急，多点时间观察与等待，或许自然就会改善了。"正如恩师贺孝铭教授常说的："**慢慢来，比较快！**"

的确，慢慢来，助人工作可以做得更细致；慢慢来，助人者较能轻松以待，避免加速专业枯竭。慢慢来，真的比较快！

时间是最强大的老师，在时间面前，我们要学会怀抱希望，并耐心等待。

 耐心等待，你的每一分努力，都能化成让孩子改变的养分。

28 你和孩子的互动是真诚的吗?

"老师,请你千万不要跟孩子说我有打这通电话给你喔!"一位家长在电话那头语气慎重地说着。

许多家长在来电咨询或拜托我协助子女时,最后总会如此叮嘱。我纳闷着,为什么不能让孩子知道?

"要是他知道我有打电话给你,他一定会恨我的!"家长如此解释。原来如此,是不想伤了亲子间的和睦;或者,不想被孩子讨厌。

"我知道你是专家,一定知道怎么做的,拜托你了!"最后又补上这一句。

这下可为难我了,我既不敢称自己是专家,而且青少年助人工作几年下来,失败率高得惊人,这点我很清楚。更重要的是,我根本不知道怎么做,才能把孩子找来会谈,却又不能让孩子知道为什么他需要来接受辅导。而且,若不能让孩子知道他为什么会被找来谈,我是无法与孩子展开工作的。

于是,我思索了一会儿,对着电话那头的家长说:"如果不让孩子知道是你请我帮忙的，我不知道要用什么理由找他来谈，也不知道如何与他互动，很抱歉，这个忙我帮不上。"

我继续往下说："如果你觉得说了会被孩子怨恨，显然你们的关系已经存在问题了。"

"没错，我们之间根本无法沟通……"当我明确地点出问题时，家长才低声地说。

"那么，你更要让我告诉你的孩子，你打过这通电话。如此，我才有机会和孩子讨论亲子冲突的话题。让重要的问题浮出水面，情况才可能有所不同。"

"那么，如果孩子回家生我的气怎么办？"听起来，家长仍然很担心。

"面对现实吧！孩子没生你的气，不代表你们的关系就和谐了。你该思考的是，如何通过这个机会，好好地改善你们的关系品质。我会找你的孩子谈，必要的话，我们也可以见面聊一聊。真诚的对话与讨论，对关系的修复才有真正的帮助。"

既然是为孩子好，为什么需要隐瞒？

前述的对话过程，在我的助人实务上经常发生。

我常想不通，父母为了帮助孩子，找学校老师沟通讨论，或者请学校老师介入关心，出发点不正是为了孩子好？既然是在做对孩子有益的事，为什么会担心让孩子不开心？

合理的解释是，亲子关系品质本来就不怎么好了，使得父母对孩子不再有影响力。父母好说歹说孩子都听不进去，对孩子的言行束手无策之下，才会特地求助学校老师；特别是直接来找辅导老师的，事情通常已经有点"大条"了。

但也正因关系不佳，孩子更不想被父母管。父母找人当说客，自然容易引起孩子反感，使原本冰冷的关系雪上加霜。父母不想当坏人，又想改变孩子令人头痛的行为，只好拜托眼前的救兵别泄了底。

建立在虚假关系上的和乐互动

在督导咨询新手的过程中，我常发现，部分咨询新手明明和眼前的个案谈了好几回，却完全没有提到个案需要来谈的理由，也就是个案被转介的原因（好吧，我承认，以前我也是如此）。

在学校里，不少孩子并非自愿前来求助。他们本身并不觉得自己有困扰，多半是老师对其言行看不下去，认为有必要透过辅导与咨询的历程，把他们重新"改造"一番。这类个案通常较具挑战性，却也常是实习中的咨询新手最常接到的个案。

"为什么不直接谈呢？"我问。咨询新手告诉我："我担心一旦说了，会让个案以为我和转介他来的老师是同一阵线的，就此破坏咨询关系，到时候他什么都不想跟我谈了。"

于是，每星期见面会谈的两个人，总是天南地北东拉西扯，小心翼翼地不碰触到关键议题，只为了保护两人之间不堪一击的咨询关系。

问题是，不告诉个案被转介的理由，难道他就不知道自己为什么会被要求来谈？难道他就不会把你当作是那些讨厌的大人的同路人，即使你已尽可能表现得很和善。

你害怕破坏关系，问题是，如果你们的关系其实根本还没建立起来，又何来破坏？关系的建立与经营，最关键的要素是"真诚"，而不是讨好或迎合。假装转介的理由不存在，而莫名其妙地把人找来谈，又要和他建立起关系，绝对不是真诚的表现。

助人者的目的是要帮助眼前的个案改变与成长，却误把重心放在努力保护好这段咨询关系上；看似和乐的谈话气氛，事实上却是建立在虚假的关系基础上。

何以助人者要如此担心关系的破裂，而无法坦诚地告诉个案转介理由？何以一心为孩子好的父母不能让孩子知道自己拨了电话给学校老师？

也许，我们都对自己不够真诚！

担心被讨厌，只好戴着面具讨好他人

我们都有着自尊的需求，需要他人肯定、赞美、喜爱，不想被怨恨、贬仰、诋毁。关系的破裂意味着"我不受欢迎""我不被喜欢"，或者"我不是个成功的父母""我不是个有效能的助人者"。我们担心面对自己被讨厌的可能性，于是用尽全力想讨好别人。

于是，我们戴着虚假的面具在所有的人际关系中，用虚假的方式与人互动；我们行着名为对对方好的事，事实上却是在保护自己脆弱不堪的自尊。

几年的助人经验中，我看到自己通过一次又一次的助人过程来提升自我价值感，通过被个案感谢、尊敬甚至崇拜，体验到自尊无限膨胀的快感。然而，我也时时刻刻走在危险边缘——助人与满足自我需求，何者才是首要？我的重心放对位置了吗？

建立一段真诚的关系，是需要冒险的

没有人是完美的，我们不可能被所有人喜爱，被所有人喜爱也不是我们存在的目的。我们必须看到这一点，才能对自己真诚，进一步在关系中与对方真诚相对。

别小看青少年！当你在关系中不够真诚时，他感受得到。即使你再努力表现出对他所谈的话题深感兴趣，他仍然会认为你和那些不认同他的大人是一样的。因为他知道，眼前这个不够真诚的人并不足以了解自己，也不够资格进入自己的内心世界。表面上你们聊得很愉快，事实上孩子内心的大门仍是紧闭着。

放弃维持表面和谐但实际上不堪一击的虚假关系吧！一旦察觉到你小心翼翼守护着的是一段缺乏真诚的关系，你就需要去冒险，以自己真实的面貌与对方互动。此时，你才真正做到了对自己真诚，也对对方真诚，这样的关系才有意义。

心理助人通过关系而产生疗愈，但虚假的关系却于此有害。在这样的关系中，你们之间不应该存在不能说的秘密。

29 面对暴躁的灵魂，你准备好了吗？

　　某天，一名导师冲到我座位前，开口便说："陈老师，我真的受不了了，你得帮我才行！"

　　导师眉头深锁、愁容满面，身体处于高度紧绷状态。我刻意放慢语调，询问怎么了，希望能缓和她紧张的情绪。

　　"我们班上有个孩子，常在班上情绪崩溃就算了，找她谈话、关心她，她就只是一直哭、一直哭，但也不说自己怎么了。我若表示要去上课了，请她先回班上，她反倒站在原地一直看着我，好像不希望我离开。几次下来都这样，我实在不知道该怎么办。"

　　这是一位相当敏锐与温柔的导师，孩子们都与她相处愉快，她也乐于去发现、关心每一个孩子的状况，并且总能带给许多孩子温暖的力量。但这一次，她似乎遇到困境了，她的温暖关怀，却反而让自己承受了极大的挫折与压力。

　　"不瞒你说，现在我看到她远远走来，真的很想躲起来，但心中又充满罪恶感。"我能理解她的心情。不只是她，最近班上也有几位热心的学生来告诉我那孩子的状况，学生忧心地说：

"老师,她在班上动不动就趴着哭,却又不说她怎么了。我们关心她,她还是一直哭;我们才刚离开她身边,她又一直看着我们。弄得大家都不知道该怎么办,只好轮流陪着她。但是再这样下去,大家都要崩溃了!"

真是一群天使般的孩子啊!孩子们的善良,很可能在不断付出关爱的同时,也让自己受伤了。

我拿起电话,开始联系相关人员与资源,包括家长。我知道,要帮助这位情绪严重失调的孩子,需要打的是团体战。我需要让系统整个动起来,一起提供她支持。而首要的是,在这个过程中,不能有人因此负荷不了而垮掉。

周遭关心孩子的人们,都不是心理专业人员,只是一群友善、热心又有爱心的人,算是帮助这孩子渡过难关的"资源人士"。我除了设法直接接触孩子,也需要给周遭这些资源人士更多的心理建设与心理支持。

从事心理助人工作久了，难免会遇到负面情绪极度强烈的孩子。如果是偶发性、一次性的，还算容易应对；若是遇到长期下来，总是以近乎崩溃的状态出现的孩子，每次的会谈都是一段难熬的时光。

强大的负面情绪会通过各种形式呈现，无论是极度低落或极度高涨，都会吸光他人的能量；与这样的人长期相处，很难不感到身心俱疲。

让孩子从关系中复原与成长

心理咨询或治疗的疗效，常常在于让孩子在会谈中真实表达自己的情感，同时通过足够稳定的关系与同理心，承接起孩子的情绪，让孩子感到被支持与被接纳，并获得一段有别于其他人际互动的情感经验。

在这段关系历程中，孩子会感受到，自己是值得被倾听、被理解、被肯定与被爱的，因而逐渐修复内在的伤痛。

关系是疗愈的基础，心理助人工作提供给孩子的，就是一段真诚、稳定与高品质的互动空间，让孩子在关系中复原与自我成长。因此，助人者表现出真诚与稳定的态度，远比各种绚烂的技巧来得重要许多。

当助人者面对负向情绪强度极大的孩子时，首要的考验便是助人者本身的内在状态是否稳定。我得承认，对强袭而来的情绪感到难以招架时，往往会想逃避面对。然而，**无论是在会谈中避而不谈可能引发孩子强烈情绪的核心议题，还是草率结束与孩子之间的助人关系，都有可能造成对孩子极大的伤害。**

原因是，助人者再度复制了孩子在会谈室以外人际关系的互动模式——通常是不具疗愈性，甚至带有伤害性的互动模式；另一方面，也会令孩子感到被遗弃，并强化了他们内心的负面认同。

孩子在关系中表露出强烈情绪时，
正是挑战的开始

我常看到不少接受协助的青少年，他们在咨询室中总是显露出强烈的痛苦，字字句句控诉着世界，眼泪决堤地说自己好苦，甚至把自杀挂在嘴边。然而身旁的人，特别是父母或任课老师等大人，从来不曾发现孩子的情绪状态竟已如此失控。

有时，不是父母老师不用心观察孩子，而是**孩子在生活中无法向父母老师流露出真实情感。**

为什么？也许是从小就不被允许表达，也许是担心不被理解，不想让父母担心，不愿意表现出自己糟糕的一面……然而，与父母的互动，往往是造成孩子内心痛苦的主要原因。面对父母有苦不能说、无法说，只能藏在心中，用力地压抑着，还得表现得若无其事，直到遇到了可以信任也愿意理解自己的人，才将庞大的情绪一股脑儿地宣泄出来。

因此，当孩子在会谈中流露高强度的负面情绪时，或许也意味着，助人关系已经走到了获得孩子信任的程度。此时，孩子愿意对一位陌生的老师表现出真实的自己，他知道自己被允许通过强烈的情绪表达心中的痛苦。

从此刻起，正是助人者接受考验的开始。一旦关系进展到如此程度，助人者就不能随意放手、轻易退出了。我们得时时准备好自己，以面对眼前那暴躁的灵魂。但是，助人者应该如何面对一再表现出强烈负面情绪，甚至常将自杀挂在嘴边的孩子呢？

（一）时时保持稳定的身心状态

这是最高指导原则。唯有助人者处在稳定的状态，才能给出对方最大的支持。

我们可以通过观察自身的生理与心理线索，来检视自己是否处在身心稳定的状态。当我们稳定时，呼吸是和缓而顺畅的，身体是放松而有力的，内心是清醒而专注的。我们能同时保持对内与对外的觉察，能够用温和、坚定、低沉而和缓的语调说话。此刻，我们会意识到内在具有十足的力量，愿意去与另一个生命联结。

会谈前，可以通过几次腹式呼吸、放松冥想、静坐与正念练习，让自己进入身心稳定状态。我常在教师研习或工作坊中，指导学员练习神经语言程式学（Neuro-Linguistic Programming,NLP）中的"COACH"状态技巧（见第三十一章），相当快速而有效。

请务必记得，当自己的状态不好时，千万别与强烈负面情绪的孩子互动。宁可请他先在会谈室中等待一下，等到确定调整好自己后，再进去展开谈话。而在会谈过程中，如果发现自己开始失去稳定状态，你得诚实地告诉对方此刻你的状态并不好，需要到外面去调整后才能继续谈话。

（二）将会谈聚焦于关系上

引发孩子强烈情绪的是事件，但促成他们从情绪中疗愈的却是关系。很多时候，助人者可以试着将讨论的焦点从令孩子感到不满的事件，转移到彼此当下的关系上，看看两人之间发生了什么事？

"是什么让你愿意在我面前真诚地展现自己的情绪状态？"

"如果你觉得我是个可以信任的对象，是什么让你愿意信任我？"

"我们的关系与你在生活中和其他人的关系有什么不同，使你愿意在这里放声哭泣？"

"当你看到自己能信任我时，有什么感觉或想法？"

当然，助人者也可以在当下将自己的内心感受表达出来让对方知道。即使是负面的感受，只要带着真诚的态度，注意语气与措辞，对方感受到的会是一份尊重与关怀，而非批评与指责。这即是一种矫正性的情感经验了。

（三）真诚面对自己的各种情绪

面对负面情绪极度强烈的孩子，往往会引发助人者的各种情绪。**我们可能会感到挫败、无力、沮丧，也可能生气与后悔**（"都是你让我每天压力很大！""要是当初不要接受你的求助就好了！"），**同时，又会因为这些感觉在心里责备自己、批判自己、对自己生气。**

换句话说，**我们不允许自己对孩子有情绪，于是我们花了许多力气对抗这些真实存在的负面情绪，因而处在自我消耗的状态中。**然而，即使我们对孩子有着负面情绪，也无损于他身为一个人的价值，更无损于我们身为助人者的价值。

当你懂得这个道理后，你会开始正视自己的情绪，允许自己对孩子或对自己拥有各种情绪，这些情绪是正常的。你会知道如何安顿这些情绪，甚至，进一步运用这些情绪，对孩子产生更深的理解。因为，**这些感受正是孩子周遭的人可能拥有的感受。**

（四）不轻易给予承诺

当我们把助人的目标放在平息孩子强烈的情绪上时，我们可能不自觉会答应对方提出的要求。而这些要求，很多是我们做不到的。换句话说，此时的孩子时常通过强烈的情绪状态向我们出难题。

例如，要求助人者代为传话，不要将自己的危险行为告知他人，与其他人有差别待遇等。因此，助人者必须衡量其要求的合理性，温和而坚定地拒绝给予任何承诺；即使拒绝了，也持续给予关怀及支持。

别让自己陷入左右为难的境地中。一旦你答应了孩子的请求却做不到，或者事后反悔，信任关系就会受到破坏，对孩子也是一种伤害。

（五）觉察你的专业自我怀疑

面对情绪强度极大的孩子，我们常会自我怀疑，怀疑自己是否有能力持续帮助他们。若是遇到孩子通过强烈的情绪挑战或攻击我们时，内心更会挫败不已。而我们需要区分清楚，这些对专业能力的自我批判与怀疑，究竟是因为他们自身的情绪使然，还是真的如此。

很多时候，挫败与自我怀疑，正是孩子身旁的人时常出现的感受："我这样做错了吗？"所以并非助人者的助人专业能力不足。因此，请时时告诉自己：

"即使我时常感到挫败，我仍然愿意继续陪伴孩子，坚定地与他前行；同时，我欣赏我的坚持与勇气！"

30 青少年辅导咨询的售后服务

有一阵子，几位毕业生不约而同回来学校找我。

通常会回来"探视"学校辅导老师的，以过去有过会谈的孩子居多，通常是那些曾经接受长期会谈和追踪的个案。

有个孩子一进门就往我这里走来，边落泪边说："老师，还是这里比较温暖！"她毕业两年，去北方念大学，但学校还没开学。

高中时，她绝口不谈关于自己的事，但任谁都看得出来她过得不是很好。

"好，慢慢说，发生什么事了？"我将她带进会谈室，听她哭诉发生在自己身上的故事。原来，是失恋了。这是她第一次谈起发生在自己身上的事。

我也曾接到一通电话，电话里传来虚弱的声音："老师，我是小黑，现在方便去找你吗？"

我问："到学校来吗？"他说："对！我觉得快失控了，我需要人帮我。"

"好吧！你快过来，我在这里等着。"我决定放下手边的工作。

　　还有一次暑假，一个毕业已久的学生回来。

　　他没有继续升学，而是在餐饮店打工，逐步成为店里的正式员工，我为他感到高兴。聊着聊着，他谈起最近自己的身心状况——严重失眠，胡思乱想，还时常听到怪异的声音，一点风吹草动就惊恐不已。

　　我顿时发现，孩子们回来学校找我，不是来向我分享自己的近况有多好，而是想让我知道，他们过得并不如意。

离开校园的那一刻，状况仍令人担忧

　　前面只是其中几例，每年都有类似状况的孩子回来。他们可能刚毕业、毕业了几年，或许没读完高中就离开学校了，回来，大多是为了"取暖"。

　　高中期间，他们的状况就已起伏不定。会来到我这里，从老师转介到同学通风报信的都有。总之，都不是自愿的。

处于青少年阶段的他们，从来不愿意告诉我太多自己的事，会谈时也常冷淡地应付我。我试着告诉他们："给自己一个机会，让我来帮你，好吗？"他们会说："不用了，我很好。"或说："你帮不了我的。"

确实，面对这种情境，我束手无策。我只能在有限的时间里，偶尔找他们来关心一下；或是在他们出现状况时，稍微介入处理。就这样有一搭、没一搭，断断续续地谈着、互动着；很快地，再看着他们离开校园，走向人生下一站。

事实上，在离开校园的那一刻，他们的状况仍然令人担忧。

终于等到求援的孩子

而今，孩子们回来了。跟以往不同，他们终于有求助意愿了！他们告诉我，现在身边没人可找，很无助。

面对已经离开校园的孩子，该帮还是不帮？当然要帮！问题是："怎么帮？帮到什么程度？"每当毕业的孩子回来求助时，我脑中总会不断地如此盘算着。

成功的辅导与咨询，最终是要让个案不再需要助人者，而能靠自己的力量走出自己人生的路。

然而，此时此刻，孩子在彼此的辅导与咨询关系结束之后，才开始真正需要我。我很气馁，过去的各种介入，仿佛是白忙了一场。

一方面，我气这些孩子，当初为什么不愿意接受协助，直到毕业后才回来求助？同时，我也很欣慰，孩子们在外头遇到困难了，知道主动寻求支援，不也是一种独立自主与解决问题的表现？

人们总是在被需要中体认到自己的价值。就算被拒绝了一百次，孩子只要愿意回来找你帮忙一次，就足以令人精神为之一振。即使已经不再是我服务的范围了，又怎能不伸出援手呢？

何况，助人工作是做口碑的，售后服务当然不能马虎。

助人疗效得以发挥的关键："时机"

常听人说："青少年的辅导与咨询工作绝非立竿见影。"有时候，我会对这个论点很不服气，总想找出快速有效的方法去帮助孩子。然而，平心而论，这份不服气，往往只在向孩子之外的人证明自己的效能及存在价值。

助人疗效能否发挥，"时机"很重要。在错误的时机，就算提供再高品质的协助，也常以挫败收场。

但是，怎样的时机才称得上恰到好处？通常是个案的困扰已经大到无法自己应付，而同时身边刚好有可以信任的关系与资源时——这两项因素缺一不可。

身体有病痛，我们懂得赶快就医；但遇到心理困境时，人们常会死撑着，宁可靠自己的力量克服，这是人的韧性。往往要等到撑不住并处于濒临崩溃边缘时，再观察身边是否有值得信任的人可以提供协助。

困扰本身来自人际关系。尤其是这些孩子，在成长过程中就常处在高风险的情感关系中：紧张冲突、不安全感，一再被抛弃、背叛，以及负面评价。

对他们而言，重新信任一个人是如此的困难。即使有人释放出再多善意，他们也会穿戴起面具与盔甲，显现出一副毫不在意或不需你担心的态度。

孩子在这个身着盔甲与大人互动的过程中，我们带给他们的，正是欧文·亚隆在著作中提到的：一段"矫正性的情绪经验"。

等待的同时，也是种疗愈经验

在你对这个世界万念俱灰时，如果有一个人（或一群人）愿意用正面的眼光看待你、接纳你；他们不会任意把你的问题贴上标签，也不强迫你一定要接受他们的协助；尊重你的同时，也总是热情地邀请你，就算你拒绝他们一百次，他们仍然抱持相同的态度——他们不放弃你。

他们让你相信，这样稳定、安全与值得信任的关系，确实存在于你的生命中；他们也让你体认到，自己是值得被欣赏、被尊重，是重要而可贵的。

那么，或许你会愿意卸下盔甲，给自己也给对方一个机会，让人生能更好地走下去。

这段历程往往会耗费许多时日，通常在稳固的情感联结建立好之前，孩子就已经毕业了。然而，这段历程本身就是一种疗愈经验，已对孩子的人生产生了巨大的影响。

面对回来求助的孩子，即使我无法（或不适合）再提供他们深入的咨询服务，然而，我还是可以在一段稳固的关系基础上发挥影响力，引导他们进入另一段也值得信任的助人关系中：也就是增加他们接触到更多"矫正性情绪经验"的可能性。

这么看来，我过去所做的一切，不仅没有白费力气，而是意义非凡。

 懂得耐心等待，在等待中灌注催化个案体验疗愈经验的养分，直到适当的时机来临，改变就此发生。

31 倾听的本事

有一回会谈时，照惯例，我专注地看着孩子，听他诉说他的痛苦。

渐渐地，眼前的人影逐渐模糊，脑中的讯息开始杂乱纷飞。

一会儿，想起刚刚还没写好的计划；一会儿，浮现出某位老师的脸孔，心里盘算着等一下要和他讨论的事；一会儿，又回过神来，发现自己分心了。

当我好不容易将注意力再度拉回来时，耳边传来了一个自责的声音："刚刚怎么可以把对方晾在一旁，去想些无关的事情？"我的自责，再度让我无法专注聆听。

此刻，我想知道，我怎么会如此心不在焉？我心想，肯定是昨天太晚睡，今天精神状况不好，加上最近工作压力太大，杂事缠身，才会情绪混乱。

我告诉自己："放轻松，放轻松……"

接着，我打了一个哈欠。我忍不住想："这样对对方也大失礼了吧！"

得设法让自己清醒一点。我喝了口水，挪动了一下身体，但是状况仍然没有改善。

我为我的难以专注感到焦虑不安，心情越来越烦躁。眼睛瞥向时钟，只希望时间走快点，早点结束这难熬的时光。

时间到！我带着挫败的心情走出了会谈室。坐在电脑屏幕前，打开孩子的记录档案。我心想，刚刚究竟听到了什么？

只是听人讲话，真的那么费力吗？

从事助人工作后，我才深刻明白，倾听是很累人的！

我的工作之一，就是听生活中遇到困境的人们说话。每次五十分钟，每天听个几回合。有时候，我会给出回应；有时候，我会提出几个问题；有时候，我会引导一些技巧练习；而大多数情况下，我就只是专心地聆听他们说话。

倾听很费力，这是因为倾听不只是听，还得用心体会对方言语中的情绪感受，用力理解对方内心世界的思考脉络，并在脑中拼凑出一个合理的发展图像。同时思索着，该如何回应对方，能让对方觉得被理解；同时催化对方更多的思考，激发出更多力量。

光是"听懂"，就不容易了

先不论如何回应孩子，或分析他们背后的问题，光是"听懂"本身，就是一件相当不容易的事情了。为什么呢？

首先，我们与孩子是如此不同的人，有着不同的成长背景与生活方式，自然会有不同的信念、价值观与因应模式。也就是说，指引我们走在人生路上的脑中地图，长得完全不一样。

其次，除了当下的交会，我们其实与孩子处在迥异的时空环境中。你遭遇的困境，我可能从来没有听过；你脑中的内在图像，可能从没在我脑中浮现过。

最后，我们与孩子也许素昧平生，信任关系薄弱。你所倾诉的内容也许有所保留，你只说想让我知道的事，而我得在拼拼凑凑之后，才能稍微贴近你的内心世界。

然而，在倾听他人时，真正造成最大干扰又十分耗费力气的，往往是倾听者自身的状态。

有限的心理能量

前述的状况，其实还蛮频繁地发生。几次经验下，我深刻体会到，当状态不好时，是无力倾听的！

许多心理助人工作者都有过这样的经验：结束一天工作后，就不太想开口。回到家，家人说什么常是有听没有到；此时，只想放空。我们摆出专心聆听的样子，实际上耳边的讯息常是左耳进右耳出。

当心理能量在工作中耗尽时，就很难再有多余的力气分给家人亲友。

无奈，现在的助人工作者，很少可以时时保持在高品质的身心状态下与个案接触。无论是社工、心理师或学校辅导教师，在与个案会谈之外，还得应付许多上级交办的工作；当中有许多是无意义的文书工作，更多的是有理讲不清的沟通协调。

每当在会谈当下难以专注倾听时，我们会敏锐地觉察到自己的状态不佳，设法在当下调整自己。但往往天不从人愿，就像学生时代，上课时瞌睡虫来袭，用尽方法就是难敌睡神召唤，不争气地合上了眼皮。

杂乱无章的思绪强迫性地在脑中盘旋，如失控般地来了又去、去了又来。我们不允许自己对会谈者不尊重，警觉地告诉自己："不能这样下去！"同时对于自己没能在当下与个案同在而感到愧疚。然而这些情绪又回过头来破坏我们的专注。

几十分钟的天人交战，直到送对方离开后，才画下休止符。此时，我们已无力地瘫软在椅子上了。

案主、场域与助人者的状态调控

在我学习"简快身心积极疗法"的过程中，授课的李中莹老师与张晓红老师都不断耳提面命，进行辅导会谈前，要先做好状态调控。状态调控包括三个部分：

（一）来访者状态的调控

包括来访者的求助意愿、身体与情绪状态、对关系的信任度、对助人历程的理解程度、自我觉察程度、是否有局限性信念等方面的调控。来访者的状态调控是左右技术介入是否成功的关键因素。

（二）场域状态的调控

是否在合适、足够的时间与空间环境下展开辅导会谈。包括会谈时间的设定、会谈空间的布置、媒材或器具的准备、会谈互动氛围的营造等。

（三）助人者自我状态的调控

助人者须自我回答几个问题，例如，"我对此来访者有服务的

意愿吗？""我此刻的身心状态适合进入会谈吗？""我对处理来
访者的议题有把握吗？""我是否能放空自己，不把自己的议题带
进会谈？"……如果前述答案都是肯定的，才展开辅导会谈。

这也揭示了，如果助人者本身的状态没有调整到位，咨询或
治疗介入的效果往往会大打折扣。

时时回到身心合一的稳定状态中

身为一名助人者，我常常思考，究竟如何在烦琐的文书业务
与会谈工作中取得平衡。让我能在每次会谈前，调整自身到一定
状态，在会谈中以最高品质的身心状态与个案专注交流。

尤其是在面对突如其来的紧急个案时，得让自己立刻转换心
理频道，实在是很艰难的一门功课啊！

至少我可以做的，是做好规律的生活管理——睡眠充足，饮
食均衡，定时运动。尽管压力很大时偶尔也想自我放纵，不过为
了个案的福祉，还是需要多些自律。

要让自己能快速转换心理状态，因应突如其来的压力情境，
平时就得下功夫练习。一个平时内在就有强大力量的人，是能临
危不乱并持续给出力量的。

我曾长时间学习神经语言程式学，这是一门"对人类主观经
验无境尽探究的学问"。其中的"COACH"状态技巧（有人称作

"身心合一状态"或"中正状态"），就是一种让身心处于最稳定、和谐且内外一致的高表现状态。

"COACH"是由五个英文单字的字首组成，分别是 Center（中心）、Open（敞开）、Aware（觉知）、Connection（联结）与Holding（保持）。以下是根据我在 NLP 领域所学及个人的操作经验，介绍进入"COACH"状态的具体步骤：

（一）找一个安静不受打扰的地方，双脚微张与肩同宽，稳定地站立着。接着轻轻闭上眼睛，同时做几个深呼吸放松自己。

（二）想象有一道能量以光或气的形式，由地底向上窜出，穿过自己的脚掌，慢慢往上渗入体内，通过脚踝、小腿、膝盖、大腿、臀部，来到我们的能量中心丹田部位。

（三）让这股能量停留在丹田，将注意力放在丹田（双手可以轻轻按抚丹田部位），并在心中对自己说："我在这里！"（说三次）

（四）将能量继续往上带，到达胸口部位，让能量暂时停留在此处。将注意力放在胸膛，双手做出敞开胸膛的动作，代表允许及接纳一切的事情来到我的生命中，并在心中对自己说："我是敞开的！"（说三次）

（五）将能量继续往上带，到达眼睛后方大脑深处，这里是意识觉醒的部位。想象大脑中心有一个圆点，像蜡烛或灯泡般地亮

了起来，光芒充满脑部，并在心中对自己说："我是觉醒的！"（说三次）

（六）将能量往前带到眼睛部位，睁开双眼，看看四周，让视线与外在世界进行联结，并在心中对自己说："我准备好了！"（说三次）

（七）将注意力放在全身，重新感受并保持此刻的状态，并在心中对自己说："我是身心合一的！"（说三次）

通过经常的练习，可以越来越熟悉进入"COACH"状态的步骤，也会越来越快进入"COACH"状态。若能在面临重要挑战或任务前，先让自己进入"COACH"状态，就能在稳定的身心状态下，拥有高水准的表现。

 调整好自己的身心状况，你才有可能用心倾听。

32 助人工作不只是良心事业，更是专业

有次去一所大学开会，来接送的一位大学教授沿路向我发表他的教育高见。他认为孩子的学历不用太高，现在硕士、博士毕业后失业人口满街跑，高中毕业就可以出来工作了，以后想学习、进修，机会多得是。

我正觉得颇有道理时，他接着说："现在找工作，最好就是到学校里当体育老师。"我狐疑地问为什么。

"很轻松啊！上课时，只要带着一只哨子，把球发下去让学生自己活动，下课前再吹哨子集合，把球收回来，然后解散。不是很容易吗？"

"可是，现在体育老师也很忙。"我试着说出我观察到的现象。

"哪有，下课后就能在办公室泡茶聊天，多好！"

这位大学教授可能不了解，现在多少学校里的体育老师要带球队，陪孩子练习到很晚，牺牲假日也司空见惯；事实上，大部分体育老师上课内容活泼丰富、别出心裁，哪里能用一只球、一

只哨子就打发学生了。

眼见他的刻板印象如此之深，我也不想多说。还好他没说全世界最轻松的工作就是辅导教师，出一张嘴就行了，否则我肯定会叫他立刻停车，我自己下车用走的。

社会大众仍对助人专业领域
存有偏见或刻板印象

前阵子，一位护理师在 facebook 上发文，诉说自己被病患的家属认为工作"很轻松"，她的神回复还上了新闻。这使我不禁感叹，即使台湾进入已发达社会多年，以照顾他人身心健康为职业的助人工作者，仍常被社会大众误解或污名化。

广义的助人工作者，泛指一切以维护、照顾或提升他人身心健康或生活福祉为目的的从业人员，一般较为人知的心理助人服务者，包括心理咨询师、临床心理师、社会工作师、学校辅导教师等；以及医疗照护服务者，例如医师、护理师等。

当然还有很多人士，从不同面向照顾社会大众的身心健全发展。台湾助人服务领域的专业品质，不论是医疗照护还是心理助人都领先全世界许多地区。然而，社会大众却对这些专业领域，普遍存在着偏见与刻板印象。

助人工作的复杂度超乎想象

在学校担任辅导教师多年，难免听到有学生说我的工作很轻松，整天清闲没事干。一开始我会生气，但听久了也习惯了，有时候也懂得自嘲：

"对啦！老师小时候就是很认真念书，今天才有机会来学校当辅导老师，做这份全世界最轻松的工作。羡慕吧！好了，赶快回去用功吧！"

可是，有些人知道事实不是如此。辅导教师在学校里的一天，总像在打仗，而且不时面临各种挑战，你得随时让自己处在备战状态。而在迎战各种突发状况时，常常没有 SOP 可循，靠的是当下的判断及过去经验的累积。同时，还得让自己时时保持优雅、微笑、温暖、关怀、接纳、同理……缺一不可！

　　相同的情形也发生在其他助人服务领域，例如"社会工作"。社工人员的工作内容相当复杂，面对不同族群、类型的服务对象，都需具备高度的专业知能。

　　然而，大众却常把"社工"与"志愿者"画上等号。我的一位学生的父母就曾抱怨："去念社工系做什么？那不是志愿者吗？将来拿什么填饱肚子？"

被过度使用的助人工作者

　　这显示出两个问题。首先，**我们时常在尚未对某个领域的工作内容深入理解前，就下了评断，而这些评断往往不公允，同时带着严重的刻板印象与偏见**。例如体育老师带着一只哨子、一只球就可以上课了；辅导教师在学校总是吃饱没事干；社工就是志愿者……

　　再来，诸如"社工就是志愿者"的思维，背后潜藏着浓厚的"助人工作是一种志愿服务工作"的扭曲印象。因为是志愿服务，所以，助人工作是良心事业，而且不该计较薪酬与回报。

　　于是，助人工作不容易被视为一门专业来看待，仿佛是路人甲乙丙丁有心就能从事的行业。这真是天大的误解！

　　助人工作是良心事业？当然是！然而，社会上哪一份正当的工作不是良心事业呢？工农学商各行各业本该凭着良心从事其职。如果说助人工作才是良心事业，那么其他工作就可以昧着良心吗？

正因助人工作常被误解，以致助人工作者的劳力常被过度使用、被不当要求，甚至多做了超出职责的内容，仍被期待不该计较，要照单全收。许多助人工作者也因而这样自我期许，或选择沉默认命。

社工与护理人员长期人力严重不足，流动率高，工作量大到不可思议，但薪酬、待遇却没有相对保障。每次社会上有重大新闻事件发生时，才来呼吁重视这些人力的工作品质。一旦事过境迁、口号喊完，一切仿佛过眼云烟。

人们认为助人工作者应用爱心来服务大众，殊不知道他们是用自身的血汗来为人们止血止汗，甚至牺牲与自己家人相处的时间，换来其他家庭的和乐相聚。这就是助人服务者很容易专业枯竭的原因。

助人工作光凭良心与热忱是不够的

再者，助人工作者只有良心是不够的。我相信大部分助人工作的从业人员，都是本着一份想提升他人生活品质、帮助他人脱离痛苦的热忱。然而，无论是生理、心理或社会领域的助人工作，都需经过足够的专业培训，并在前辈的指导监督下，累积一定的经验后，始能独当一面。正因为爱之是以弒之，因无知而助人，很可能对服务对象造成伤害。

所有的助人专业领域都有专业伦理信条。首要，也是最重要的，就是"不要造成伤害"（first do no harm）。这显示了助人过程本身是有危险性的，光有热忱而不讲究方法，可能会让求助者未蒙其利先受其害，而助人者却浑然不觉。

不造成伤害是最基本的，更积极的是要达到助人的效果——也许是减轻痛苦，也许是解决问题，也许是增进生活技巧，也许是获得力量。无论如何，都须仰赖助人者的专业判断，并将其知识、技能与经验充分展现。

理解与尊重不同领域的工作者

这个社会最不缺的就是偏见、歧视、刻板印象及污名化，所以我们需要更多的相互理解、尊重与支持。

当你认为自己从事的工作最专业、辛苦，对人类贡献最多时，别忘了其他人在其工作岗位从事的职业，也是相当不简单。当你接受他人服务时，也请谦卑地敬重这些正在服务你的人。

 闻道有先后，术业有专攻。因为社会上拥有不同专业领域的人，才让我们的生活变得更好。

在另一个场域
继续守护孩子的成长

从 2017 年 8 月起，我离开服务了近十年的学校，成为一位专职的心理咨询师，也是一位自由工作者（江湖上俗称"行动心理师"）。

辞去稳定的公立学校教职，不是个容易的决定。周遭的朋友，特别同是从事教职的人，都感到不解，甚至质疑我的决定是否过于鲁莽。然而，这都无法浇熄我心中酝酿已久、想离开校园转换助人工作场域的念头。我为什么会有这样的决定呢？

将近十年的教职人生，我处在一个相当特殊的位置。我是一位教师，同时也是心理助人工作者，在学校的正式职称为"辅导教师"，专门为那些生活遭遇瓶颈、内心焦躁不安的幼小灵魂提供服务。

长期以来，我乐于在校园中与孩子们相处，我也从孩子身上学习到许多；孩子们给予我的永远比我能带给他们的多上许多。

然而，越深入了解孩子们的成长故事，越会发现困顿与痛苦的形成并非偶然，其背后深受孩子成长过程中家庭互动经验的影响。更加细究，则会发现孩子的问题，其实正是家庭问题的缩影，甚至是家长本身或双亲间互动的问题。

得出这样的结论看似过于武断，但从大部分的案例中，都能看出这样的脉络与影响轨迹；而世界各地的诸多研究，也证实了这样的观察。

于是这几年，我将许多心思投入到与家长的工作中，找到各级学校进行亲子教育的分享与训练，在博客中分享亲子教养专题文章，也在个案工作中增加与家长沟通互动的时间。

然而，与家长的工作常是挫折的。困难来自于，大人比孩子更难以自我觉察与改变。大人现在的模样，是从小到大成长经验的形塑，有来自原生家庭的影响，也带着成长过程中的种种包袱，并且逐渐形成了惯性的因应模式——通常是无效的，并且会带来更多困扰。长大后，有了孩子，再将内心的伤痛与匮乏，通过各种有问题的教养方式传递给下一代。

不过，与家长的工作即使困难，在持续努力之后，也逐渐累积了一些成果。

　　印象深刻的是，在一次的亲子教育讲座分享后，一位母亲上前对我说："陈老师，你一定会上天堂的！"我当下不懂她的意思，愣了一下。她接着说："谢谢陈老师，我今天收获非常大，你正在做的事情一定会帮助到很多人的。"

　　于是，我明白了。那位母亲是在课程中，被我邀请上台进行家庭系统演示的学员；这场演示似乎触动到了她的内心，只见她泪水不时滑落脸庞，同时也似乎明白了些什么，决定有所改变。

　　一场无心插柳，却为现场家长带来了改变的力量，我深刻体会到自己正在做一份深具意义的事。也有好几次，听到家长的回馈是，在与我谈话后或上了我的课之后，开始改变自己与孩子互动的方式，而孩子竟也开始转变了，令许多家长感到又惊又喜。家长们说："陈老师，你说得没错，大人若改变，孩子就会改变！"

　　也许我的力量有限，能影响的家长还是少数，但看到一个又一个的成功案例出现，我更肯定自己走在正确的道路上。这样的成果，也更加深了我投入家长亲子教育工作的信念。

　　在我离开教职前，一些老师特别来找我聊天。他们说："其实，我好羡慕你。"我很疑惑，为什么要羡慕我？有人说："如果能像你有另一个领域的专长，我也早就离开教职了。"也有人说:"年轻就是本钱,像我们到了这把年纪,想离开也走不了。"

不止一位老师跟我分享心声,他们的眼神中流露着羡慕与无奈,这是相当真实的。**此刻,我才惊觉,有太多的教师在校园里从事教职是不快乐的。**

有多少老师,每回才刚开学就订了下个寒暑假出去玩的机票,开始期待假期的来临;每到了新学年,就倒数自己还有多少年可以退休。作育英才的教职工作,曾几何时变成了这种样子?如果教师们不快乐,对工作失去热忱,又该如何带给孩子们成长的力量呢?

如果,工作稳定与退休金是支撑教师们在工作岗位上继续燃烧热情的唯一诱因,而不是这份工作带来的意义,那么,每天到学校上班,便成了食之无味、弃之可惜的例行公事,教育自然只能是一潭死水。

于是我知道,在我转换跑道之后,我也要继续支持教师找到教育工作的意义,同时保持与孩子互动的热忱。因为,教师也曾是受伤的孩子,而今也可能是坏掉的大人;他们在成长过程中累积了大大小小的创伤,未被好好正视与疗愈,并隐隐在自己的教育工作中产生了负面影响。

我认为,不论是家庭还是学校教育,最重要的目的,就是带给孩子们力量。然而,我们给不出自己身上没有的东西。因此，当我们的内在匮乏无力，也会教养出一群内在匮乏无力、不愿冒险、不敢做梦的孩子。

因此，我更坚定地相信，我需要转换位置去做更多支持家长与教师的工作。我仍然在做助人工作，也仍然关注孩子的成长议题与心理困境，只是换个场域陪伴孩子成长而已。这股信念与愿望，成为我接下来要追寻的人生目标。

离开稳定的教职，内心是惶恐的。这意味着我要从一个经济来源稳定的舒适圈，跳到另一个一切从零开始的冒险国度，我心中充满挣扎；然而我知道，**筑梦的历程本就是艰辛的，本就得忍受各种不安与焦虑。**

回想我在课堂上，或与学生会谈时，总是鼓励孩子们大胆追梦；然而，如果我有梦想，却仍待在舒适圈中不敢行动，不就是一种表里不一吗？**或许，一位教师能对孩子发挥最大的影响力，就是充分去实践他所相信的道理。**

在我离开教职前的最后一堂人生规划课上，我与孩子们分享我的梦想与决定。这堂课，我以亲身的例子，为孩子们示范了我在课堂中不断提点他们的道理。

我是一个幸福的人，从小到大父母的关爱无微不至；求学路上也顺遂如意；甚至到了职场，人生贵人也不断出现。

我总在想，越是幸福的人，越是应该贡献社会的人群。写作，算是一种发挥社会影响力的途径吧！我从四年前开始持续笔耕，发表在博客"老师，可以和你聊一下吗？"中的文章，写的多半是关于心理助人、学习、人类行为、亲子教养、人生规划等方面的议题。2016 年承蒙圆神集团究竟出版社的青睐，为我出版了第一本书《此人进厂维修中！为心灵放个小假，安顿复杂的情绪》，这是一本关于情绪管理的自助书，还算受到欢迎。

而今在人生转换阶段，也谢谢圆神愿意继续与我合作，将这本集结了许多我在校园中与孩子们互动的案例出版发行。**期待这本书可以带给受伤的孩子们力量，让坏掉的大人们有所自觉；同时支持正在陪伴孩子走一段人生路的教育或助人工作者，继续坚持信念，并懂得照顾好自己。**

一路走来，我要感谢的人太多了。包括出版社辛苦的编辑、营销与相关工作团队，以及我的同行，你们与我交流探讨，督促我持续学习与进修；还要感谢家人的支持，特别是父母与我的另一半，你们的爱与信任，是我继续前行的动力。

我最想感谢的，是那些曾与我交流过的孩子们。没有你们，这一篇篇的故事与反思无法成形；没有你们，我无法从你们身上学习、累积经验；没有你们，我无法认清我现在应该努力与投入的方向。

　　谢谢你们曾出现在我的助人人生中，老话一句："从你们身上学习到的，永远比我能带给你们的更多！"

　　献上无限感激与祝福。

图书在版编目（CIP）数据

受伤的孩子与坏掉的大人 / 陈志恒著 . —— 北京：
北京联合出版公司 , 2018.7（2021.5 重印）
ISBN 978-7-5596-2139-9

Ⅰ . ①受… Ⅱ . ①陈… Ⅲ . ①家庭教育 Ⅳ . ① G78

中国版本图书馆 CIP 数据核字 (2018) 第 110331 号

北京版权局著作权合同登记 图字：01-2018-3211 号

受伤的孩子和坏掉的大人

作　　者　陈志恒
责任编辑　管　文
项目策划　紫图图书 ZITO®
监　　制　黄　利　万　夏
营销支持　曹莉丽
版权支持　王秀荣
封面设计　圆神出版社
图　　片　shutterstock

北京联合出版公司出版
（北京市西城区德外大街 83 号楼 9 层　　100088）
嘉业印刷（天津）有限公司印刷　新华书店经销
字数 100 千字　880 毫米 ×1270 毫米　1/32　8 印张
2018 年 7 月第 1 版　2021 年 5 月第 2 次印刷
ISBN 978-7-5596-2139-9
定价：49.90 元